Natascha Kampusch
Stärke zeigen

NATASCHA KAMPUSCH
mit Judith Schneiberg

Stärke zeigen

Bewältigungsstrategien
für ein kraftvolles Leben

Dachbuch
Verlag

Dachbuch Verlag

1. Auflage: November 2022
Veröffentlicht von Dachbuch Verlag GmbH, Wien

ISBN: 978-3-903263-53-6
EPUB ISBN: 978-3-903263-54-3

Copyright © 2022 Dachbuch Verlag GmbH, Wien
Alle Rechte vorbehalten

Autorin: Natascha Kampusch
Co-Autorin: Judith Schneiberg

Lektorat: Nikolai Uzelac, Teresa Emich
Korrektorat & Satz: Rotkel. Die Textwerkstatt, Berlin
Umschlaggestaltung: Katharina Netolitzky
Umschlagmotiv: Reinhard Holl
Druck und Bindearbeiten: Rotografika, Subotica
Printed in Serbia

Besuchen Sie uns im Internet:
www.dachbuch.at

INHALTSVERZEICHNIS

EINLEITUNG   11

Vergangenheit   *21*

ÄUSSERE UND INNERE RÄUME   23
Die Kraft der Erinnerung   27

WICHTIGE BEZUGSPERSONEN   30
Die Kraft der Liebe   36

FAMILIE ALS ORT DER ZUGEHÖRIGKEIT   42
Die Kraft der Verbundenheit   44

FAMILIE UND IHRE VERSTRICKUNGEN   47
Die Kraft der Selbstbestimmung   50

DIE ORIENTIERUNG AN VORBILDERN   55
Die Kraft, über sich selbst hinauszuwachsen   59

DAS SELBST UND DIE ANDEREN   63
Die Kraft des Selbstbewusstseins   68

DIE FACETTEN DER EINSAMKEIT   **71**
    Die Kraft, eins zu sein mit sich selbst   76

TRAUMEN UND NEGATIVE ERINNERUNGEN VERARBEITEN   **79**
    Die Kraft der Selbstheilung   83
    Die Kraft, Hilfe anzunehmen   86
    Die Kraft von Strukturen und Ritualen   88

ABSCHLIESSENDE GEDANKEN ZUR VERGANGENHEIT   **92**

Gegenwart   *95*

WIDERSTAND LEISTEN   **97**
    Die Kraft der Selbstermächtigung   103

DER WILLE ZUM LEBEN   **107**
    Die Kraft der inneren Stärke   110

DIE REALITÄT AKZEPTIEREN   **114**
    Die Kraft, aufrichtig mit sich selbst zu sein   116
    Die Kraft der Dankbarkeit   120

EMPATHIE ENTGEGEN DEM HASS   **122**
    Die Kraft der Vergebung   126

DIE EIGENE WELT GESTALTEN   **129**
    Die Kraft der Kreativität   131

ABSCHLIESSENDE GEDANKEN ZUR GEGENWART 135

Zukunft 139

DER BLICK NACH VORNE 141
Die Kraft der Hoffnung 144
Die Kraft des Optimismus 147

WAS UNS HOFFNUNG GIBT 152
Die Kraft unserer Träume und Ziele 155

ERKENNE DICH SELBST 157
Die Kraft des Selbstentwurfs 159

FREIHEIT LEBEN UND IHRE GRENZEN KENNEN 162
Die Kraft, in Übereinstimmung mit seinem
Innersten zu leben 164

ABSCHLIESSENDE GEDANKEN ZUR ZUKUNFT 168

DANK 171

EINLEITUNG

In den Jahren nach meiner Selbstbefreiung wurde ich von vielen aufrichtig interessierten Menschen immer wieder gefragt, wie ich das, was mir in Gefangenschaft angetan wurde, nur überleben konnte. Wie ich es schaffte, trotz der Anfeindungen und Verleumdungen, die mir entgegenschlugen, meinen Lebensmut nicht zu verlieren. Wie ich das, was ich erleben musste, alles verarbeitet habe. Und woher ich meine Stärke nehme ...

Auf den folgenden Seiten versuche ich, diese Fragen zu beantworten. Es geht mir darum, meine Bewältigungsstrategien für andere greifbar und dieses oder jenes vielleicht sogar praktizierbar zu machen. Dabei möchte ich mich weder als Psychologin oder Therapeutin noch als Coachin aufspielen. Das bin ich nämlich nicht. Aber ich darf behaupten, eine Expertin in Sachen Überleben zu sein, die anhand ihrer eigenen Lebensgeschichte zeigen kann, wie viel Kraft und Überlebenswille in jedem von uns stecken. Und da das Leben an uns alle die Herausforderung stellt, so lange wie möglich zu überleben – und das am besten mit Würde, Anstand, Freude und Zuversicht –, glaube ich sehr wohl, darüber etwas erzählen zu können.

Die Erlebnisse und Situationen, von denen meine Aufzeichnungen ausgehen, scheinen teilweise so extrem, dass der eine oder die andere vielleicht einwenden möchte, sie seien ja gar nicht exemplarisch und taugten nicht, um daraus etwas abzuleiten, was für alle gelten könnte. Ich dagegen bin der Überzeugung, dass nicht jeder erlebt haben muss, was ich durchgemacht habe, um plötzlich dazustehen und nicht mehr weiter zu wissen und schier verzweifelt zu sein. Viele Menschen kennen das Gefühl der Überforderung gegenüber den Herausforderungen des Alltags, sei es im Beruf, in der Familie oder in Beziehungen. Und nicht wenige verspüren das Gefühl von Einsamkeit und Isolation, auch ohne in Gefangenschaft zu sein. Letztendlich haben sich alle gleichermaßen in ihrem Leben zu bewähren, und jeder hat seine eigenen Kämpfe durchzustehen.

In dem Extrem, das ich erleben musste, zeigen manche Dinge lediglich stärkere Konturen, so scheint es mir. Und wenn ich heute darauf zurückblicke, kommt es mir vor, als würde ich durch ein Brennglas schauen, durch das sich die existenziellen Lebensthemen, die alle betreffen, mit einer außergewöhnlichen Dringlichkeit zeigen. Wer sind wir, wenn uns nahezu alles genommen wird? Was ist der Sinn, wenn wir vom Leben scheinbar nichts mehr zu erwarten haben? In diesen Fragen liegt der Schlüssel zu dem verborgen, was mich am Leben hielt und was mein Dasein noch heute lebenswert macht. Und weil das Themen sind, die jeden von uns angehen, kann meine Geschichte möglicherweise Inspiration bieten: für Menschen, die ebenfalls schwere Traumen erleiden mussten. Und auch für all jene, die nach Motivation und Rat suchen, weil sie in einer

Lebenskrise stecken und sich daraus freikämpfen möchten, ist dieses Buch gedacht.

Von Geburt an habe ich gelernt, mich in das Leben, das für mich bestimmt war, einzufinden. Das war wahrlich nicht leicht, schon vor meiner Entführung nicht. Meine Kindheit war kein Zuckerschlecken, und alles, was danach kam, war, um im Bild zu bleiben, ein wirklich bitterer Kelch: Die Gefangenschaft beraubte mich wichtiger Phasen meiner Kindheit und Jugend. Der physische und psychische Missbrauch, den ich erlitt, zerbrach mich beinahe. Und nachdem es mir nach vielen Jahren endlich gelang, mich selbst zu befreien, geriet ich gleich erneut in ein unterdrückendes und zerstörerisches Machtgefälle, dieses Mal von den Medien und der breiten Öffentlichkeit. Menschen haben mich denunziert und schlecht über mich geredet, einzig und allein, um selbst gut dazustehen.

Ich habe mich in meinem Leben oft ohnmächtig gefühlt und war es de facto auch. Aber ich habe nie aufgegeben, selbst wenn nichts mehr dafürgesprochen hat, dass es sich noch zu hoffen lohnt. Ich habe es geschafft und habe überlebt – nicht nur äußerlich, sondern auch innerlich.

Tag für Tag war ich in meiner Gefangenschaft aufs Neue herausgefordert, nicht zu resignieren und wenigstens einen Funken meiner Würde zu bewahren. In jeder Begegnung mit dem Täter war die Frage an mich gerichtet, was ich seiner Demütigung und Gemeinheit entgegenzuhalten hatte. Egal wie fremdbestimmt ich durch seine Dominanz und seine Unterdrückungsmechanismen war, in meinem Innersten habe ich stets, im kleinstmöglichen Rahmen, um

Selbstbestimmtheit gerungen. Ich nutzte jeden noch so kleinen Handlungsspielraum aus, wollte mir meine Identität nicht rauben lassen. Und nur, weil ich die Kontrolle über die Situation nie ganz aufgab, war ich irgendwann auch in der Lage zu fliehen. Ich selbst hätte das nicht zu jeder Zeit so beurteilt, war zutiefst verzweifelt und fühlte mich bedroht und ausgeliefert. Aber rückblickend kann ich sehen, wie sich immer noch etwas in meinem Innersten aufgebäumt und um Haltung gerungen hatte.

Genauso war es, als mir nach meiner Gefangenschaft in Freiheit der Wahnsinn entgegenschlug. Es erschütterte mich in den Grundfesten meiner Überzeugungen, was Menschlichkeit und Gerechtigkeit betrifft. Trotzdem war ich nicht bereit, klein beizugeben, sondern habe die Deutungshoheit über meine eigene Geschichte gewahrt und nie aufgehört, mein Leben selbstbestimmt zu gestalten.

Die Frage ist, worin diese Kraft begründet liegt und welche Ressourcen das sind, auf die ich bis heute zurückgreife. Und stehen sie wirklich jedem Menschen zur Verfügung?

Eine Antwort möchte ich an dieser Stelle vorwegnehmen, weil sie über allem steht, was ich im Erleben und im Darüber-Nachdenken herausgefunden habe. Ich bin der Überzeugung, dass sie durchaus auch die Allgemeingültigkeit deutlich macht: Innere und äußere Stärke sind unweigerlich daran gekoppelt, wie gut wir uns selbst kennen. Wenn wir wissen, wofür wir stehen und einstehen. Was es ist, das wir für so wichtig und richtig halten, dass wir nicht bereit sind, es preiszugeben. Haben wir diese Klarheit, können wir auch auf einen festen und reifen Kern zurückgreifen, in dem wirklich alles angelegt ist. Er bildet unsere Kraftquelle. Und die einzige Verantwortung, die wir haben, ist es, diesen Kern zu wahren. Dabei muss es keine Rolle spielen, wie groß der Druck von außen oder wie klein der Spielraum ist, mit dem wir uns abfinden müssen – vorerst. Sowieso ist dieser Kern lebendig, und es ist ganz natürlich, dass er sich seinen Weg zur Entfaltung sucht. Das Lebendige bahnt sich immer seinen Weg, und wenn es noch so sehr unterdrückt wird. Meine Geschichte ist dafür ein mehr als anschauliches Beispiel.

Jeder Mensch steckt voller Potenzial – das ist nicht bloß eine Floskel. Wir alle bergen erstaunliche Ressourcen und Kräfte in uns. Und wir können dabei helfen, sie zum Fließen zu bringen; das Lebendige zu fördern, um unser eigenes Wachstum zu beschleunigen, wenn man so will. Es stimmt, Gras wächst nicht schneller, wenn man daran zieht, aber wir können Erkenntnis säen und sie begießen. Das tun wir, indem wir bereit sind, in eine Auseinandersetzung mit uns selbst zu gehen. Natürlich erfordert das Mut zur Ehrlichkeit und gleichzeitig Geduld und Freundlichkeit sich selbst gegenüber. Wenn wir jedoch dazu bereit sind, lässt sich damit einer Dürre in unserem Leben vorbeugen, die zwangsläufig einsetzt, wenn wir inneren Raubbau betreiben und uns selbst das Wasser abgraben.

Wir alle haben Verletzungen und Narben, und wir alle haben unsere Gründe, warum wir sind, wie wir sind. Je mehr wir darüber erfahren und je eher wir uns verstehen, desto besser können wir damit leben. Nach und nach dringen wir dann auch in die tieferen Schichten vor, wo unsere Kraftquellen fließen und wo wir auf das stoßen, was wirklich in uns steckt. Je mehr wir uns kennenlernen, desto mehr können sich unsere Kräfte entfalten, und wir kommen in die Lage, uns selbst helfen zu können.

Auch was mit schmerzlichem Verlust einhergeht und tiefe Wunden hinterlassen hat, bietet manchmal eine Chance zur Weiterentwicklung. Gerade in den Schwächen liegt eine einzigartige wahre Kraft, und wer seine eigenen Schwächen gut kennt, kann auch seine Stärken besser leben und entwickeln. Wie viel Zeit es braucht, das anzunehmen, ist ganz individuell und steht nirgendwo festgeschrieben. Meine Geschichte zeigt jedenfalls: Man kann vieles überstehen. Und wenn nicht immer alles ohne Schmerz vonstattengeht, so lernt man mit der Zeit, dass er irgendwann nachlässt, dass Wunden heilen und dass das Leben ein kostbares Geschenk ist, das man ergreifen sollte.

Keine der Möglichkeiten, die uns das Leben bietet, sollten wir ungenutzt oder gar unbeachtet an uns vorüberziehen lassen. Ich habe in all den Jahren der Gefangenschaft und im späteren Ringen um meine Identität erlebt, dass man mit sich selbst in Dialog treten und so ins Reine kommen kann, auch wenn alle äußeren Umstände dagegensprechen. Ich habe mich in einen Heilungsprozess begeben – weg von der Opferrolle und hinein in eine aktive Rolle. Wenn mir das Leben auch noch so hart mitspielte, so habe ich die Verantwortung für mein Handeln und Verhalten nie zur Gänze abgelegt. Ich habe mir etwas aufgebaut, habe meine Kreativität entfaltet und mich weiterentwickelt. Ich darf aus Erfahrung sagen, dass das, was wir manchmal als Gordischen Knoten oder unverzeihliche Verletzung wahrnehmen, letztlich Herausforderungen sein können, an denen es ebenso möglich ist, zu lernen und zu wachsen.

Ich berichte in diesem Buch von Bewältigungsstrategien, die ich an meinem Verhalten und Denken ausmachen konnte, als ich verzweifelt war und in Not. Sie begleiten mich teilweise noch heute durch den Tag. Meine Geschichte und meine Strategien wollen eine Inspiration für andere sein. Doch mehr als ein Sprungbrett, um in eine Auseinandersetzung mit sich selbst zu gehen und herauszufinden, wo man steht, worum es einem geht, was und wer man sein möchte, können sie nicht sein. Jeder muss auf seine Weise und für sich selbst Antworten auf die Fragen des Lebens finden. Wie ich es erlebt habe und wie ich die Dinge angegangen bin, kann selbstverständlich nicht für alle gelten. Das Einzige, was sicher gilt, ist, dass jeder bei sich selbst beginnen muss – in den eigenen Gedanken, der eigenen Persönlichkeit und den eigenen Überzeugungen. Dort nämlich fängt Veränderung wirklich an!

Diese Gewissheit habe ich deshalb, weil ich selbst erlebt habe, welch enorme Kraft unser Geist besitzt. Er kann Dinge in Bewegung bringen, die bereits für alle in Zement gegossen waren, auch für einen selbst. Er ist in der Lage, vermeintlich unlösbare Probleme zu lösen und Situationen zu verändern, die auf einen bestimmten Ausgang vorprogrammiert scheinen. Er schafft es, Dinge zu verarbeiten und einzuordnen, die uns in ihrer Wucht zu erschlagen drohen. Er schafft Ausblicke und schenkt uns Perspektiven, wenn unser erster Impuls womöglich war, gegen eine

Wand zu laufen. Und er kann uns Visionen liefern, wo es nicht mehr viel zu hoffen gibt. Letztendlich bestimmt die Haltung unseres Geistes unseren Lebensweg.

Wir haben die Möglichkeit, eine Wahl zu treffen, welche Haltung wir einnehmen – zu dem, was uns begegnet, und zu dem, was wir erleben. Unsere Vergangenheit kann Ursprung unserer Verletzungen und Narben sein. Sie kann uns aber auch Lehrmeisterin für die Zukunft sein. Die Gegenwart kann uns nicht bewältigbar erscheinen, oder sie kann eine interessante Aufforderung sein, uns selbst besser kennenzulernen. Unsere Zukunft ist für uns entweder ohne große Versprechen, oder wir erträumen und gestalten sie nach unseren Vorstellungen. Diese Entscheidungen zu treffen, bedeutet, die größtmögliche Freiheit zu erlangen.

Dieses Buch möchte Mut machen. Und ich wünsche mir, dass es überzeugen kann, einen ganz besonderen Weg zu gehen – den eigenen! Der alle Mühe wert ist, weil er zu einem selbst führt. Er mag nicht immer leicht sein, aber er ist so vielversprechend, dass es sich am Ende lohnen wird, ihn gegangen zu sein … Wer will schon hinter sich selbst zurückbleiben?

Vergangenheit

ÄUSSERE UND INNERE RÄUME

Ich war ein Kind von gerade einmal zehn Jahren, als ich auf meinem Weg zur Schule von einem fremden Mann vom Gehsteig in einen Van gezogen und an einen mir völlig unbekannten Ort gebracht wurde. Einen Ort, an dem ich die nächsten achteinhalb Jahre meines Lebens gefangen gehalten werden sollte. Ich wurde mitten aus meinem vertrauten und natürlichen Umfeld gerissen. Dieses Leben nach meiner Entführung, so kann man sich denken, hatte nichts mehr mit dem davor zu tun.

Ich wurde in ein fünf Quadratmeter kleines Verlies gesperrt, metertief unter der Erde, ohne ein Fenster, durch das Licht, geschweige denn Leben hätte dringen können. Nichts war mir äußerlich geblieben, was ich mit meinem eigentlichen Leben, das mir an diesem Ort sehr schnell zur Vergangenheit wurde, in Verbindung bringen konnte. Einzig die Kleider, die ich am Leib trug, und meine Schulsachen, die ich damals bei mir hatte.

Der furchtbarste Einschnitt war jedoch, keinen Menschen mehr um mich zu haben, der mir vertraut war, der mir Nähe und Geborgenheit gab. Ich hatte überhaupt keinen Kontakt mehr zur Außenwelt und wusste auch nicht, ob ich jemals wieder welchen haben würde, je mehr Zeit in Gefangenschaft verging. Der Täter war der einzige Mensch, den ich über viele Jahre zu Gesicht bekam, und damit meine einzige Bezugs- und Kontaktperson.

Ich fügte mich erschreckend schnell in die Situation, weil mir umgehend klar wurde, dass Betteln und Flehen nichts nützen würden. Innerhalb weniger Stunden gab ich nach und versuchte, mir im Rahmen dieser absurden, im Grunde surrealen Situation, ein Gefühl von Normalität zu verschaffen. Mein Geist leistete dabei Enormes, um diese Brücken zu schlagen, sodass ich nicht schon in der ersten Nacht an meiner Angst und Verzweiflung zerbrach.

Ich handelte, ohne viel nachzudenken in dieser außergewöhnlichen, albtraumhaften Situation. Ich folgte meiner kindlichen Intuition und nutzte meine ganze Kraft, um jeden erdenklichen Handlungsspielraum auszumachen und zu bewahren.

Die ersten Nächte musste ich, fern von allem mir Vertrauten, in eine Decke gewickelt auf einer dünnen Matte auf dem Boden schlafen, umgeben von kahlen Nut-und-Feder-Brettern, mit Tag und Nacht brennendem Licht. Das hatte ich so gewollt, weil meine Angst vor der Dunkelheit so groß war.

In den ersten Tagen und Wochen füllte sich nach und nach mein Verlies. Ich bekam frische Kleidung, die mich bei den nur fünfzehn Grad in dem kleinen Raum wärmen sollte. Auch eine Heizung machte die Situation etwas erträglicher. Dass es draußen langsam Frühling und dann Sommer wurde, bekam ich nicht zu spüren – weder das Licht noch die Gerüche und schon gar keine Wärme drangen nach unten zu mir. Das erste Mal durfte ich mein Verlies erst Monate später verlassen, um zu baden. Auch da bekam ich vom Hochsommer, es war August, nichts mit. Die Rollläden waren komplett dicht und alle Fenster verschlossen. Irgendwann besorgte mir der Täter anstelle der dünnen Matte eine Liege, deren Federn zwar bei jeder Bewegung quietschten, die aber weitaus bequemer war. Am wichtigsten allerdings war es für mich, als der Täter mir meine Schulsachen wiederbrachte, die er mir mitsamt der Schultasche am Tag der Entführung weggenommen hatte. Die Tasche hatte er, genauso wie meine geliebten neuen Schuhe, die ich zum Geburtstag bekommen hatte, verbrannt. Meine Stifte, Bücher und Schreibblöcke bekam ich jedoch zurück.

Ich hatte es dort unten geschafft, mich, wann immer ich die Augen schloss, in eine andere Wirklichkeit zu träumen. Doch den Albtraum, in dem ich mich befand, hielt nichts von mir fern, wenn ich die Augen wieder öffnete. Intuitiv wusste ich: Ich brauche mehr Bilder. Bilder aus *meiner* Welt, die ich gestalten konnte. Mit meinen Stiften hatte ich nun buchstäblich etwas in der Hand, das es mir möglich machte, über meine Fantasie hinaus etwas zu erzeugen und tatsächlich zu verändern. Die Wachsmalstifte aus meiner Schultasche gaben mir die Chance, Bilder zu schaffen, die nicht wieder verschwanden, wenn ich in die harte Wirklichkeit zurückkehren musste. Natürlich blieben auch sie, was sie waren: imaginiert. Aber ich konnte sie greifbarer machen. Ich konnte die Welt in meinem Kopf realisieren – wenn auch nur mit Strichen und ein wenig Farbe – und sie der kranken Welt des Täters entgegensetzen.

Also malte ich die Nut-und-Feder-Bretter meines Verlieses voll. Es lenkte mich nicht nur ab, sondern schuf mir eine Kulisse, in der ich mir vormachen konnte, in meinem Zuhause in Wien bei meiner Mutter zu sein. An die Türe des Verlieses zeichnete ich eine Klinke, die sich in meiner Vorstellung jederzeit bewegen ließ und die Türe öffnen könnte. Herein käme meine Mutter, würde den Schlüssel auf die von mir gezeichnete Kommode legen und mich begrüßen. Die Zeichnungen halfen mir, tief in diese Imaginationen zu gehen. Ich konnte dem allgegenwärtigen Gefängnis entkommen, indem ich mir diese inneren Bilder ins Außen übertrug, sodass ich es schaffte, wann immer ich allein mit mir war, darin abzutauchen. Dort konnte ich verschlossene Türen für mich öffnen und hereinlassen, wen immer ich mir ersehnte. Und ich konnte dahin, wo ich sein wollte – zu Hause.

Als der Täter mir einige Monate später erlaubte, mir eine Wandfarbe für mein Verlies auszusuchen, um es etwas wohnlicher zu gestalten, wünschte ich mir die gleiche Art Raufasertapete und rosa Farbe wie in meinem alten Kinderzimmer. Von da an schlief ich jeden Abend mit der Hand an der Tapete ein, träumte mich in mein Zimmer, nachdem ich vom Flur aus meiner Mutter »Gute Nacht« gesagt hatte. Am nächsten Morgen würde sie hereinkommen, um mich zu wecken, und meine Kleidung für die Schule herauslegen. Ich gab mir damals das Versprechen, wirklich irgendwann dort wieder zu stehen, zu Hause in meinem Zimmer.

Ich habe mein Versprechen eingelöst und neun Jahre später, nach meiner Selbstbefreiung, die Hand an die Tapete des alten Kinderzimmers im Rennbahnweg gelegt und zu mir gesagt: »Hier bin ich wieder. Siehst du, es hat funktioniert.«

Es hat tatsächlich funktioniert, an die Bilder aus meiner Vergangenheit anzuknüpfen, die schönen Erinnerungen meiner Kindheit wachzurufen und sie in meinem Innern lebendig zu halten.

Die Kraft der Erinnerung

Wenn wir uns real oder in Gedanken in Situationen begeben, die für uns mit bestimmten Gefühlen verknüpft sind, werden sie wieder lebendig. Das ist es, was ich intuitiv machte, als ich mich in dem Verlies, in dem ich gefangen gehalten wurde, in meine Vorstellungswelt zurückzog und die schönen Bilder meiner Kindheit heraufbeschwor, um mich zumindest in meinem Geist nicht gefangen nehmen zu lassen. All die guten Erinnerungen und Erlebnisse waren es, aus denen ich instinktiv meine Kraft zog, um in der Isolation zu überleben.

Jeder Mensch hat in seiner Vergangenheit gute wie schlechte Erfahrungen gesammelt, die ihn fürs Leben prägen. Ich hatte mit meinen zehn Jahren bis zu meiner Gefangenschaft auch schon einige Erfahrungen machen müssen, die traurig und verstörend für mich gewesen waren. Aber es waren nicht diese Erinnerungen, die mein Gedächtnis in den Momenten der größten Not an die Oberfläche gespült hat. Sie wären sicherlich wenig hilfreich gewesen, um mich zu stärken.

Es sind die guten Erinnerungen, die eine große Quelle der Kraft sein können, wenn wir schier unerträglichen Belastungen ausgesetzt sind. Es geht um die Dinge, die uns dankbar machen, wenn wir auf sie zurückblicken, und von denen wir wissen, dass sie uns schon einmal ein behagliches Gefühl bereitet haben, das wir erneut wachrufen wollen. So wie es bei mir das Nachhausekommen meiner Mutter war oder der Moment, wenn sie mich morgens weckte. Diese Erinnerung konnte ich meiner Verlassenheit in der Isolation der Gefangenschaft entgegensetzen.

In unserem Innersten finden wir diese Räume, in die wir uns noch heute zurückziehen können, wo wir uns sicher und geborgen fühlen. In meinem Fall war das ganz konkret mein Kinderzimmer, in dem ich am liebsten mit zugezogenen Vorhängen auf dem Bett lag und vor mich hinträumte. Die Erinnerung an das Gefühl, wie in einem geschützten Kokon aufgehoben zu sein, gab mir Kraft.

Gerade als Kind ist man in der Lage, sich aus den schlimmsten äußeren Zwängen zu retten, indem man sich seine inneren Nischen, Schlupflöcher und auch realen Verstecke sowie Freiräume sucht. Es ist eine bemerkenswerte menschliche Kraft, auf diese Weise bedrückenden Situationen zu entfliehen, um zu überleben.

Fazit

Jeder Mensch kann für sich herausfinden, welche Momente in der Kindheit, aber auch in der jüngeren Vergangenheit, Geborgenheit und Glück in ihm ausgelöst haben. Es lohnt sich, die äußeren und inneren Räume, in denen man einst aufgehoben war, wieder aufzusuchen. Wir können uns konkret zurückerinnern, was es war, das uns Freude gemacht, unseren Lebensmut erhalten und uns Geborgenheit gegeben hat. Wir können in Gedanken an jene Orte zurückkehren, die uns gutgetan haben.

Wir alle haben unsere Schatzkiste voller Erinnerungen, die wir bewusst und unbewusst gefüllt haben. Diese Kiste ist ein Kraftspender: Die Dinge, die wir darin finden, können uns aufrichten und stärken, wenn wir sie brauchen. Indem wir unseren Blick bewusst auf die schönen Erinnerungen der Vergangenheit lenken, können wir die Kraft, die in ihnen steckt, zum Fließen bringen.

WICHTIGE BEZUGSPERSONEN

In meinen ersten zehn Lebensjahren gab es einen bestimmten Menschen an meiner Seite, mit dem ich ein Gefühl von uneingeschränkter Geborgenheit verknüpft habe und das bis heute noch tue: meine Großmutter. In ihrer Nähe habe ich mich immer wohlgefühlt und ein inneres Zuhause gehabt.

Sie lebte in einer für mich anderen Welt. Ihr Haus in Süßenbrunn in der Wiener Vorstadt, etwa fünfzehn Autominuten von unserer Hochhaussiedlung entfernt, war noch aus der Kaiserzeit. Darin führte sie eine Bäckerstube, in der auch mein Vater arbeitete, und eine daran angeschlossene Greißlerei. Im Garten bogen sich im Sommer die Obstbäume und -sträucher, und zu fast allen Jahreszeiten gingen die Blumenkübel über vor Blüten.

Ich liebte es, bei ihr zu stehen, wenn sie in ihrem Laden Waren für die Kunden ausgab, ließ mich von ihr mit Schokolade beschenken und lachend durchs Haus jagen. Sie gab mir körperlich viel Zuneigung, und beim Kaffeetrinken mit ihren alten Freundinnen war ich immer der Mittelpunkt. Ich verbrachte so viel Zeit wie möglich an der Seite meiner Großmutter. Mit ihren Wollröcken, der Schürze darüber, immer frisch gekochtem Essen auf dem Herd, nach dem sie roch, gemischt mit dem Geruch von Franzbranntwein, mit dem sie ihre vom Stehen schmerzenden Beine einrieb, war sie für mich wie aus einer anderen Zeit. In ihrer Umgebung erlebte ich ein Stück unbeschwerte Kindheit.

Am Anfang meiner Gefangenschaft gab es mir unheimlich viel Kraft, diese mit ihr verbundene Liebe in mir heraufzubeschwören, indem ich an einer Flasche Franzbranntwein schnupperte, die mir der Täter, auf meine Bitte hin, zugestanden hatte.

Mit Sicherheit sind in unserer Kindheit Bezugspersonen aus dem engsten Familienkreis am prägendsten. Im besten Fall erfahren wir von ihnen uneingeschränkte Liebe und Unterstützung. Aber seien wir ehrlich, die wenigsten von uns durften so eine Kindheit verbringen. Auch ich nicht.

Grundsätzlich fühlte ich mich von meinen Eltern zwar geliebt. Zeitweise jedoch empfand ich mich zwischen meinem Vater und meiner Mutter hin und her geschubst, vor allem als die Konflikte zwischen ihnen immer größer wurden und sie sich schließlich trennten. Kinder müssen in solchen Situationen, so scheint mir, gerne mal herhalten, um unfreiwillig die Fronten zu verstärken. Außerdem sind sie ein super Prellball, wenn die Überforderung der Eltern groß ist. Statt wirkliche Aufmerksamkeit zu bekommen, wird man nicht mehr beachtet und taugt höchstens noch als Blitzableiter.

Ich habe solche Situationen als Kind oft erlebt, und so viel Zuwendung mir meine Eltern auch immer wieder gaben, wurde ich trotzdem zwischen ihren Streitigkeiten und ihrer gegenseitigen Missachtung aufgerieben.

Die schönen Erinnerungen an meinen Vater sind jene, als ich klein war und stundenlang auf ihm herumklettern konnte, während er nachmittags auf der Couch schlief, um seinen teils freiwillig, teils unfreiwillig versäumten Schlaf nachzuholen. Ich verkleidete und schmückte ihn, ich legte mich auf und neben ihn. Wenn er dann aufwachte, nahm er mich und schmiss mich in die Luft, fing mich auf und wirbelte mich herum. Ich liebte seine Unbeschwertheit. Doch diese Unbeschwertheit war auch Teil seiner Überforderung in Bezug auf seine Verpflichtungen, die meine Mutter ihm zum Vorwurf machte, und führte unter anderem auch wegen Verschuldung zur Trennung meiner Eltern. Diese war ein großer Einschnitt in meiner Kindheit. Ich war damals fünf, und ab da fühlte ich mich oft in die Luft geschmissen und nicht mehr aufgefangen. Wie ein Spielball.

Nach der Trennung standen meine Eltern regelrecht in Konkurrenz zueinander, wer sich am Wochenende die schöneren Unternehmungen für mich ausdachte. Natürlich genoss ich solche Zuwendungen, welches Kind hätte das nicht getan? Meine gleichzeitige innere Verlorenheit, so eindeutig und lesbar sie einem eigentlich vorkommen mag, konnten die Erwachsenen um mich herum nicht deuten. Ich selbst konnte es ja erst Jahre später.

Das Einschneidendste, was ich mit meiner Mutter verbinde, sind ihre enorme Willenskraft und ihre Entschlossenheit. Das hat sie mir anerzogen und immer vorgelebt. Sie ließ sich von nichts unterkriegen, konnte Schwäche aber eben auch nie gut zulassen, weder bei sich noch bei anderen. Weinen und mich irgendwie einer Verzweiflung hingeben, aus welchem Grund auch immer, galten bei ihr nicht.

Sie erwartete von mir, dass ich mich den Dingen im Leben tapfer stellte, ob es nun ein aufgeschürfter Ellenbogen war oder ihre Trennung von meinem Vater. Meinen Schmerz sollte ich ebenso wie sie hinunterschlucken. Falls ich meine Verlorenheit zeigte und emotional wurde, reagierte sie, als hätte ich einen wunden Punkt in ihr getroffen. Diese Form der Erziehung hat mich sicherlich für mein Leben gestählt. Ich war mit zehn Jahren bereits geschult darin, meine Gefühle nicht zu groß werden zu lassen und die Zähne zusammenzubeißen. Ich hatte das kleinstmögliche Vertrauen in die Verlässlichkeit der liebevollen Fürsorge der Erwachsenen bereits aufgegeben und dafür Strenge und Autorität kennengelernt, die meinen Vorstellungen oder Wünschen oft widerstrebten. Und so zynisch es auch klingen mag, war es wohl eine Lebensschule, die mir in Gefangenschaft unter anderem das Überleben sicherte. Der Täter hatte gewiss mit viel gerechnet, aber nicht mit so viel Widerstand vonseiten einer Zehnjährigen. Dieser bestand in den meisten Fällen nicht darin, mich ihm zu widersetzen, sondern mich von ihm nicht brechen zu lassen.

Es war meine starke und resolute Mutter, die ich innerlich immer vor mir sah und die mir mit entschiedenem Tonfall Mut zusprach: »Reiß dich zusammen! Du schaffst das. Du musst da jetzt durch, und irgendwann ist alles wieder gut!« Ich konnte dieses Bild in mir derart beschwören und plastisch machen, dass ich ihre Anwesenheit beinahe spürte.

Dass meine Mutter in Wirklichkeit genau das getan hatte und es nicht nur meine Imagination war, bewegte mich sehr, als ich nach meiner Selbstbefreiung davon erfuhr. Sie hatte ein Bild von mir im Wohnzimmer aufgestellt, mit dem sie jeden Tag sprach, mir Kraft schickte und mich anflehte durchzuhalten. Jeden Sonntag zündete sie eine Kerze davor an, betete für mich und versuchte, mir auf diese Weise nahe zu sein. Ich bin der Überzeugung, dass mich ihre tägliche Zuwendung und ihre Nachrichten erreicht haben, als ich gefangen war. Sie hatte auch mein Zimmer all die Jahre unberührt gelassen in dem tiefen Vertrauen, dass ich lebe und überleben würde. Sie wusste um meine innere Stärke – etwas, das uns beide noch heute in unserem tiefsten Wesen verbindet. Ihre unerschütterliche Überzeugung, dass ich lebte und ihre Appelle mich, wie auch immer, erreichen würden, waren mir offenbar eine große Quelle der Kraft.

Meine Mutter ist der Typ Mensch, der davon ausgeht, dass nur die Harten durchs Leben kommen. Ich möchte nicht verbergen, dass ich unter ihrer Härte und Strenge als Kind zeitweise gelitten habe, an ihrer Liebe zweifelte ich allerdings keine Sekunde. Die hatte sie mir auf ihre eigene Weise gezeigt. Und selbst wenn mein Entführer mir vehement einzureden versuchte, dass meine Familie mich nicht lieben würde, konnte er diese Gewissheit in mir nie kappen. Sich in Zärtlichkeiten zu ergehen, war nicht die Art meiner Mutter, sie hatte das selbst nie erfahren und konnte es deswegen nicht an mich weitergeben. Als ich erwachsen war, konnte ich das verstehen. Stattdessen stand für sie Liebe gleichbedeutend mit Fürsorge, und die äußerte sich in der Versorgung und Sorge um mich. Intuitiv wusste ich das immer. Materiell hatte es mir nie an etwas gefehlt, vor allem auf meine Kleider legte meine Mutter besonderen Wert. Sie waren immer vom Feinsten und vieles davon liebevoll und gekonnt selbst geschneidert. Das Schneidern war ihr Beruf, und sie zeigte mir schon als kleines Mädchen, wie man sich Röcke, Schürzen und Pullover selbst macht, Bänder näht oder einen Saum auslässt. Wir treffen uns heute noch gerne, um zusammen zu schneidern und so Zeit miteinander zu verbringen.

Mich gut zu kleiden, war außerdem auch die Art meiner Mutter, mich von den anderen Kindern in meiner Umgebung abzuheben. Man kann davon halten, was man will, aber es war fürsorglich gemeint. Wir lebten, wie schon gesagt, in einer Hochhaussiedlung am Rande Wiens, mit vielen Sozialhilfeempfängern – und Hoffnungslosigkeit. Nicht wenige dort waren vom System abgehängt, es war ein relativ trostloser Ort. Es gab viel Rowdytum, und man musste Angst haben, bedroht oder zumindest angepöbelt zu werden, wenn man sich in den Höfen zwischen den Häusern bewegte. Viel der Gewalt richtete sich gegen Frauen und Kinder, und das nicht immer nur hinter verschlossenen Türen.

Meine Mutter wollte nicht, dass ich im Sandkasten oder auf einem der tristen Spielplätze im Innenhof spielte, aus Angst um mich. Sie wusste mich an den Nachmittagen gerne bei meiner Großmutter, auch wenn die zwei Frauen ein schwieriges Verhältnis zueinander hatten.

Auch in meinem Fall waren die Familie und das Zuhause kein Ort uneingeschränkter Geborgenheit und Zuwendung, wie für so viele von uns. Dennoch gab es Momente und Phasen, wo ich das so empfunden habe, und die sind mir kostbar. Und es gab meine Großmutter, wenn sie auch leider nicht ständig um mich herum war.

Die Kraft der Liebe

Ein wirklich großer und wichtiger Schutz für uns Menschen ist es, so kann ich aus eigener Erfahrung sagen, wenn wir zumindest zu einer Person in unserer Umgebung eine enge Bindung aufgebaut haben. Die Aufmerksamkeit, Zuwendung und Orientierung, die einem dieser Mensch in der Kindheit bietet, können den Vorrat an Sicherheit und Geborgenheit so weit auffüllen, dass es für das ganze Leben reicht. Meine Geschichte ist der beste Beweis dafür. Dieser eine Mensch, der uns das Gefühl von Sicherheit und Orientierung in der Welt gegeben hat, muss nicht unbedingt Mutter oder Vater, Großvater oder Großmutter gewesen sein. Eine Tante, ein Lehrer oder eine Nachbarin kann gleichermaßen in dieser Rolle aufgehen. Bei mir war es die Großmutter, die mich uneingeschränkt und verlässlich geliebt hat. Vor allem als die Liebe meiner Eltern nicht mehr ausreichte, um mir zu versichern, dass ich einen Platz in ihrer Welt habe.

In Momenten, in denen ich unheimlich traurig und verletzt war, hatte ich also ein inneres Zuhause bei meiner Großmutter und wusste, dass mir niemand diesen Platz in ihrem Herzen streitig machen konnte. In dieser Gewissheit konnte ich mich immer zurückziehen. Sie tröstete mich und gab mir das Maß an Sicherheit, das ich brauchte, um zurechtzukommen. Die unbeschwerten Tage und Stunden, die ich bei meiner Großmutter verbracht habe, waren meine

Lebenserfahrung an Schönem und Positivem. Sie hat mir nicht nur dabei geholfen, den Glauben an mich selbst nicht zu verlieren, sondern auch, in jedem Tag eine neue Chance zu sehen. Mein unbändiger Optimismus muss etwas mit ihr zu tun haben.

Die Geschichte mit meinen Eltern zeigt wiederum, dass Beziehungen, gerade enge, nicht frei von Störungen ablaufen. Je älter ich wurde und je intensiver ich mich mit mir selbst und mit ihnen auseinandergesetzt habe, desto mehr konnte ich verstehen, dass jeder Mensch mit seinen eigenen Problemen zu kämpfen hat und nur das geben kann, was ihm oder ihr möglich ist. Schon früh musste ich lernen, dass Beziehungen, in denen man sich wünscht, uneingeschränkt geliebt zu werden, das nicht immer bieten, wenn die Bezugspersonen dazu einfach nicht in der Lage sind. Dabei ist es unheimlich wichtig zu verstehen, dass es nichts mit einem selbst zu tun hat, wenn einem Liebe und Zuwendung vorenthalten werden. Als Kind sucht man schnell die Schuld bei sich, ich habe das genauso getan. Als ich mir etwa bei einem Schulausflug den Arm gebrochen hatte, schämte ich mich für meine Ungeschicklichkeit und für die Umstände, die ich allen bereitete. Ganz klassisch fühlte ich mich auch für die Trennung meiner Eltern verantwortlich, wie es wahrscheinlich viele Kinder tun, die so etwas erleben müssen. Doch man selbst ist nicht das Problem, ist nicht falsch oder weniger liebenswert – eine Überzeugung, zu der etliche von uns erst spät in ihrem Leben kommen. Denn erst wenn man verstanden hat, dass es nichts mit einem selbst zu tun hat und vielmehr in der eigenen Geschichte der Bezugspersonen begründet liegt, kann man sich von der falschen und krank machenden Überzeugung, dass man Ursprung des Problems ist, befreien.

Die Menschen, von denen man Zuwendung erwartet, haben vielleicht in ihrer eigenen Kindheit Unschönes erlebt und sich ihren Platz im Leben hart erkämpfen müssen. Ihnen wurde vielleicht nie gezeigt, was es heißt, uneingeschränkt geliebt zu werden, wodurch es ihnen wiederum schwerfällt, Liebe zu zeigen. Oder sie sind vielleicht so hart und streng erzogen worden, dass sie keinen anderen Ausweg für sich gesehen haben, als sich ein Leben lang der Verantwortung zu entziehen. So einen Blick auf die Sache zu werfen, heißt nicht, dass man es gutheißen oder entschuldigen muss, was passiert ist oder wo Bezugspersonen gefehlt haben. Aber es heißt verstehen, und das bedeutet Distanz gewinnen, was manchmal sehr heilsam für einen selbst sein kann.

Wir alle kennen wahrscheinlich diese Situationen, in denen wir uns als Kinder mit unseren Sorgen und Bedürfnissen von den Erwachsenen alleingelassen gefühlt haben. Als wir uns selbst mehr sein mussten, als es eigentlich gut für ein Kind ist. Aus dieser Not entwächst gleichzeitig die bewundernswerte Fähigkeit eines Kindes, sich sein Überleben zu sichern, indem es diese Defizite ausfüllt und für sich selbst in die Lücken springt. Jeder Person auf Erden ist zu wünschen, dass das so wenig wie nur möglich notwendig war. Als Kind steht es uns doch schließlich zu, dass die Erwachsenen uns versorgen, körperlich wie seelisch.

In meiner Situation war ich spätestens in meiner Gefangenschaft so radikal für mich selbst zuständig, dass ich bis heute nur staunen kann, welche Kraft damals schon in mir steckte und bis heute immer noch steckt. Wenn man nämlich bedenkt, was nach meiner Selbstbefreiung noch alles passiert ist und dass nichts und niemand meinen Lebenswillen brechen konnte, ist das schon erstaunlich. Ich musste in dem Verlies sehr früh lernen, mir selbst das zu geben, was ich brauchte. Ich war mir meine eigene Mutter, ich war mir mein eigener Vater.

Deswegen weiß ich aus eigener Erfahrung, welch große Kraft es ist, wenn man sich selbst Vater und Mutter sein kann. Wenn man versteht, dass man dafür seine realen Eltern nicht mehr braucht. Spätestens als erwachsene Menschen sollten wir uns zutrauen, uns selbst versorgen zu können. Die Defizite und biografischen Unfähigkeiten oder Verhinderungen unserer Bezugspersonen müssen uns nicht mehr quälen, wir können selbst die Verantwortung für uns übernehmen. Wenn man es so betrachtet, dann führen all die Vorwürfe nirgendwohin, und man kann das loslassen, was einmal war.

Genau aus dieser Unabhängigkeit heraus besteht manchmal doch noch die Möglichkeit, dass die Beziehung zwischen Eltern und (nun) erwachsenem Kind heilen kann. Wenn es sich begegnen lässt, ohne Ansprüche aneinander zu stellen. Ich praktiziere es mit meinen Eltern so, sie in meinem Leben zu haben, mit all ihren Fehlern.

Ich bin der Überzeugung, dass man sich letztlich mit seinen Eltern arrangieren sollte. Wir sind sicherlich auch nicht alle das geworden, was sie sich für uns immer gewünscht und vorgestellt hatten, keine Frage, dafür sind wir auch nicht zuständig – aber es hilft, sich zu überlegen, dass auch unsere Eltern sich mit uns arrangieren müssen. Man kann viel verzeihen, wenn man versteht, aus welcher Not oder Biografie heraus vieles nicht so lief, wie man es sich möglicherweise gewünscht hätte.

Fazit

Selbst wenn wir in unserem Leben nicht so großes Glück hatten, uns Bezugspersonen weggebrochen sind oder uns nicht immer liebevoll und aufmerksam begegnet wurde, so haben wir als Erwachsene die Möglichkeit, uns mit der nötigen und stärkenden Liebe zu versorgen, die wir brauchen.

Das können wir einmal tun, indem wir uns in Dankbarkeit immer wieder an die Personen erinnern, die uns in unserer Vergangenheit Zuspruch und Stärke durch ihre Liebe gegeben haben. Sie waren uns eine große und wichtige Quelle der Sicherheit und Kraft in unserem Leben. Sie werden es auch immer sein, egal ob sie noch leben oder schon verstorben sind, ob sie in unserer Nähe wohnen oder weit weg leben.

Personen, bei denen das nicht ausschließlich der Fall war, sollten wir uns ebenfalls vor Augen führen. Sie haben uns sicherlich auch etwas mitgegeben, das wir als Gewinn verbuchen können – Dinge, auf die wir uns heute noch beziehen, wie zum Beispiel positive Werte, gute Angewohnheiten, Stärke und Durchhaltevermögen oder vielleicht auch einfach nur ausgeprägte Schutzmechanismen.

Lebensgeschichten sind so individuell, ebenso wie unsere Stärken und Fähigkeiten. Das ist es, was uns so einzigartig und besonders macht. Selbst wenn unser Umfeld uns das nicht zugesteht, sollten wir uns dessen immer bewusst bleiben und einen liebevollen Blick auf uns haben. Es ist fast schon eine Binsenweisheit: Wenn wir selbst keinen Grund sehen, uns zu lieben, wieso sollten es dann andere tun?

FAMILIE ALS ORT DER ZUGEHÖRIGKEIT

Als ich damals mit zehn in Gefangenschaft geriet, schnitt mich der Täter äußerlich vollkommen von der Welt ab. Ich durfte mein Verlies über Monate nicht verlassen, achteinhalb Jahre sollte von mir nichts nach außen dringen. Meine einzige Bezugsperson war der Täter, und der zeigte sich mir nur willkürlich. Die meiste Zeit war ich allein mit mir. Nach ein paar Monaten, die ich so verbracht hatte, mit denkbar wenig Ablenkung, besorgte er mir ein Radio. Ich durfte vorerst nur tschechische Sender hören, die anderen waren blockiert – damit ich es auf keinen Fall mitbekäme, falls in den Medien noch über mich berichtet würde. Ich sollte glauben, dass die Welt mich vergessen hat.

Das war Teil seiner grausamen Taktik. Er versuchte, mich nicht nur körperlich gefangen zu nehmen, sondern mir auch innerlich alles zu nehmen, was mich mit der Welt da draußen verband, sodass ich keinen Mut mehr haben würde, in sie zurückzukehren. Er wollte mir einreden, dass ich es meinen Eltern nicht wert war, Lösegeld für mich zu bezahlen (das er in Wirklichkeit gar nicht für mich gefordert hatte, denn darum war es ihm nie gegangen). Und zuletzt verlangte er auch noch, mir selbst einen anderen Namen zu geben. Es gab zwar selten Situationen, in denen ich beim Namen genannt werden musste, aber wenn er »Natascha« nur hörte, machte es ihn unheimlich wütend. Er schlug Maria vor, als er jedoch erfuhr, dass ich mit Zweitnamen so heiße, kam es für ihn schon nicht mehr infrage. Sinn und Zweck war es ja, mir meine Identität und damit meine Zugehörigkeit zur Welt zu nehmen. Also durfte es kein Name sein, der auch nur das Geringste mit mir zu tun haben könnte.

Die Entscheidung fiel auf Bibiana. Dieser Name hat unmittelbar vor Natascha Namenstag, deswegen war ich auf ihn im Kalender gestoßen. Und er gefiel mir. Erst vor Kurzem habe ich herausgefunden, dass er sich vermutlich von »Viviane« ableitet, was so viel wie »die Lebendige« bedeutet. Das scheint mir in seiner Symbolkraft kaum zu überbieten zu sein, selbst wenn es nur ein Zufall gewesen sein mag. So leicht war ich von der Welt offenbar nicht abzuschneiden.

Natürlich fühlte ich mich furchtbar verloren da unten, mit meinen zehn Jahren. Das war ich ja schließlich auch. Ich war abhandengekommen, dort oben nicht mehr auffindbar. Wie viel und ob man noch nach mir suchte, wusste ich nicht, konnte ich gar nicht wissen. Der Täter gab sich jedenfalls alle Mühe, mich glauben zu lassen, dass ich niemand mehr bin – für niemanden, außer für ihn.

Ich versuchte, mich vor dieser furchtbaren Verlorenheit zu retten, indem ich mir zu den anderen Wandmalereien einen Familienstammbaum auf die Bretter malte. Meine ganze Familie, mütterlicher- und väterlicherseits, alle, von denen ich wusste, ganz unabhängig davon, ob ich sie leiden konnte, hielt ich darin fest. Ich begann bei meinen Großeltern (weiter zurück reichte mein Familienwissen damals nicht), schrieb die Namen meiner Eltern und ihrer Lebenspartner auf sowie die meiner Schwestern und ihrer Männer und Kinder. Und zwischen meine Eltern setzte ich mich selbst, ganz zentral, verbunden mit ihnen durch aufwendig gezeichnete Verzierungen. Ich widmete dem Stammbaum viel Zeit, und während ich detailliert daran malte, versank ich darin. Jeder einzelne Zweig hielt mich verbunden mit meiner Familie, jede Stammlinie verwurzelte mich in meiner Zugehörigkeit. Wann immer ich ihn ansah, half er mir, mich zu vergewissern, dass ich einen Platz in der Welt habe. Dieses Gefühl konnte ich der Verlassenheit, die sich ständig in mir breitmachen wollte, entgegenhalten.

Die Kraft der Verbundenheit

Was so banal und kaum erwähnenswert klingt, dass wir nämlich in die Gemeinschaft einer Familie und einer Gesellschaft hineingeboren werden, war für mich damals überlebensnotwendig. Es bedeutete, mir sicher sein zu dürfen, dass ich zu jemandem gehöre – eine Gewissheit, die schon in dem Wort »Angehörige« steckt.

Diese Zugehörigkeit ist unabhängig davon, ob wir unsere Angehörigen mögen und uns gut in ihrer Gesellschaft zurechtfinden oder nicht. Die Wurzel zu unserem Dasein ist unsere Familie, das ist einfach ein Fakt. Aus ihr sind wir entwachsen, sie verbindet uns mit der Welt. Jeder von uns hat dadurch einen bestimmten Platz und damit eine bestimmte Rolle. Eine Mutter hat uns geboren, ein Vater gezeugt. Sie selbst wiederum haben Vater und Mutter, und so kann man in der Ahnenreihe weit, weit zurückgehen. Man hat also in diesen Verästelungen des Familienstammbaums einen einzigartigen Platz inne. Auch wenn das Nest stachelig ist und der Stamm schon bei leichtem Wind schwankt, ist es nicht zu unterschätzen, welche Kraft in der Tatsache dieser Zugehörigkeit liegt.

Und selbst wenn die Bindungen zu diesen Menschen nicht mehr eng sein sollten, bleibt man Teil ihrer Geschichte, und sie selbst sind Teil der eigenen. Dieser Gedanke ist vielleicht nicht immer angenehm, je nachdem wie man zu seiner Familie steht. Aber er führt uns die Wurzel unseres Daseins vor Augen und bindet uns außerdem ein in die Zeit.

Fazit

Es gibt diese Tage, an denen man sich haltlos fühlt und abgeschnitten vom Rest der Welt. Irgendwie will es nicht gelingen, Bezug zu den Menschen um einen herum herzustellen. Man kommt sich so fremd vor. Ich kenne dieses Gefühl sehr gut. Mir geht es heute noch gelegentlich so. Ich ziehe mich dann gerne zurück und bleibe für mich, sortiere meine Gedanken und genieße ein Stück weit die Einsamkeit. Ich habe keine Angst vor ihr, sie ist für mich ein Ort, wo ich mich wohlfühle.

In dieser Einsamkeit kann man sich aber manchmal auch ziemlich verloren vorkommen. Das weiß ich aus eigener Erfahrung. Dann ist es ein wichtiger Anker zu wissen, dass man verbunden ist mit der Welt. Dafür braucht es keine Sympathien für diejenigen, zu denen man durch seine Familienbande gehört. Es hilft, sich die Tatsache vor Augen zu führen, dass man einen Platz im Universum hat. Auch wenn das ein abstrakter Gedanke zu sein scheint, dem ist nicht so – es ist einfach nur ein sehr umfassender Gedanke, dass wir nun einmal kein Zufall sind. Unsere Familie ist der Stamm, dem wir entwachsen sind, und mit ihr sind wir hier auf Erden verwurzelt. Sich das so aufzumalen, wie ich es damals gemacht habe, nimmt die Abstraktion und lässt einen sehr genau sehen, wie es ist.

FAMILIE UND IHRE VERSTRICKUNGEN

Die Verstrickungen für das eigene Leben durch unsere Familie und ihre Geschichte scheinen uns vielleicht konkreter als die Tatsache, durch sie einen sicheren Platz in der Welt zugewiesen zu bekommen. Ich möchte bei der Vorstellung der Zugehörigkeit zur eigenen Familie nicht darüber hinwegtäuschen, dass sie *zwangsläufig* der Fall ist. Und genauso kann es sich auch anfühlen: wie eine Zwangsjacke. Manche von uns haben eine Familie, der sie gerne entkommen würden oder mit der sie am liebsten nichts mehr zu tun hätten. Manche haben die Bande äußerlich womöglich schon gekappt oder nur noch den »notwendigsten« Kontakt, weil sie Schlimmes erlebt haben. Es hat mich immer sehr beschäftigt, auch schon während meiner Gefangenschaft, wie viele Menschen Gewalt und Misshandlung erfahren – in ihren eigenen vier Wänden, ohne dass die Gesellschaft hinsieht. Auch psychische Gewalt zähle ich dazu, und sie wird in vielen Familien ausgeübt. Für diese Gräueltaten muss man nicht entführt und in ein Kellerverlies gesteckt werden, wie ich es erlebt habe.

Wenn ich also sage, dass es für mich ein Rettungsanker war, mich meiner Familie zugehörig zu fühlen und dadurch zu wissen, dass ich zu jemandem gehöre und kein bindungsloses Atom im Universum bin, dann will ich den Begriff der Familie damit nicht romantisieren. Aber es ist, was es ist, nämlich unser Ursprung.

Leider ist die eigene Verwandtschaft für manche von uns sogar der unmöglichste Ort auf Erden. Wie erwähnt, hatte ich in meiner Kindheit Schwierigkeiten, meinen Platz innerhalb der Familie zu finden. Mir war der Platz auf einem dünnen Ast ganz außen in der Baumkrone zugewiesen. Und da dieser Baum immer am Schwanken war, ging es mir meistens nicht so gut dort oben.

Meine Rolle war es, meiner Mutter, bei all ihrer Belastung durch die Arbeit und den Sorgen wegen meines Vaters, keine zusätzliche Last zu sein. Meinem Vater sollte ich als niedlicher Beischmuck dienen, wenn er mich nach den Ausfahrten für die Bäckerei in Lokale und Cafés mitnahm und in meinen hübschen Kleidchen herzeigte, um mir dann aber nicht mehr sonderlich viel Aufmerksamkeit zu schenken. Dass ich mich immer mehr zurückzog und anfing, so viel zu essen, dass ich dick wurde, verstehe ich heute als einen unterbewussten Widerstand gegen genau diese Rollen, die mir zugewiesen waren. Und gleichzeitig war es der verzweifelte Versuch, mehr Aufmerksamkeit zu bekommen.

Ich gebe durch meine Entführung und die Gefangenschaft den wohl sehr speziellen Fall ab, dass meine Entwicklung von diesen Zuschreibungen und Rollenzuweisungen abrupt gekappt wurde und ich gerade durch diese Radikalität eine enorme Stärke und Willenskraft entwickeln musste, um zu überleben. Ich musste so sehr lernen, wer ich bin und worauf ich mich in mir verlassen kann, dass ich daraus mit einem besonders starken Selbstbewusstsein hervorgegangen bin – etwas, dass man mir nach meiner Gefangenschaft zum Vorwurf gemacht und zum Anlass genommen hat, meine Geschichte infrage zu stellen. Ich war einigen nicht gebrochen genug, wirkte nicht, wie sie sich ein Opfer vorgestellt hatten. Um diesen komplexen psychologischen Prozess zu verstehen, den ich, in den Jahren im Verlies und der Willkür des Täters ausgesetzt, durchlaufen musste, war die Debatte in der Öffentlichkeit viel zu schlicht und schwarz-weiß. Sie war nicht darauf ausgelegt, diese Komplexität darzustellen und verständlich zu machen. Stattdessen hat man mich an den Pranger gestellt und mit Vorwürfen beladen.

Genauso wenig sollte man schwarz-weiß zeichnen, wenn es um meine Familie geht. Sie hat mir, bei allem, was schwierig und unschön für mich als Kind war, auch so viel mitgegeben, das mir geholfen hat, in der Gefangenschaft zu überleben, und ich habe an ihrer Liebe nie gezweifelt. Diese Gewissheit war enorm wichtig für mich, und ich werde niemals vergessen, wie wunderschön und bewegend es für uns alle war, uns endlich wiederzusehen. Als wir, nach so vielen Jahren der Trennung, nach und nach lernten, wieder miteinander zu leben und füreinander da zu sein, ist dieser Prozess selbstverständlich nicht immer wie im Bilderbuch verlaufen. Wir haben versucht, so gut es ging, unter der Belastung der Vergangenheit sowie der Gegenwart, wo alles streng beäugt und kommentiert wurde, zueinanderzufinden.

Die Kraft der Selbstbestimmung

———

Alle Familiengeschichten, auch die scheinbar besten, haben ihre Schattenseiten, davon bin ich überzeugt. Deswegen sollte niemand mit dem Finger auf diejenigen zeigen, die es offensichtlich schwer hatten oder haben. Bei mir wurde das gemacht, weil es so schön in das undifferenzierte Bild passte, das man versuchte zu zeichnen, um die Dinge möglichst einfach und skandalträchtig zu halten: das kleine Mädchen aus dem Sozialwohnungsbau, mit getrennten Eltern, das Ohrfeigen bekommen hat, wenn was nicht passte, und um das sich offensichtlich nicht genug gekümmert wurde – deswegen ist das alles überhaupt passiert ODER deswegen ist es bei ihrem Entführer geblieben ODER deswegen sind im Endeffekt alle selbst schuld; sogar das Mädchen selbst. Ich brauche die Behauptungen, die nach meiner Selbstbefreiung über Jahre immer wieder durch die Presse gingen, nicht einmal zu vereinfachen oder zu verkürzen, um bei solchen absurden und gemeinen Zuspitzungen zu landen.

In Wirklichkeit aber, scheint mir, hat man versucht, das Entsetzen darüber fernzuhalten, dass das Verbrechen an mir nicht im Asozialen-Viertel von einem »dieser« hoffnungslosen Gestalten verübt worden war, sondern in einer vermeintlichen Vorzeigegegend, in einem Vorzeigehäuschen, mit immer ordentlich gemähtem Rasen, geputzten Scheiben und schickem Auto in der Garage. Von einem adrett gekleideten, stets nüchternen, brav arbeitenden und steuerzahlenden Bürger, der ein zwar zurückhaltender, aber netter Nachbar war.

Leider leben wir nicht in einer Gesellschaft, in der der Medienapparat eine solche selbstkritische und notwendig differenzierte Sicht möglich macht. Hatte ich in der einen Talkshow eventuell den Raum bekommen, diesen Zusammenhang zu erklären und war damit auf offene Ohren und zustimmende Kommentare gestoßen, was selten genug vorkam, hatte am nächsten Tag eine Tages- oder Boulevardzeitung den einen oder anderen Satz schon wieder aus dem Zusammenhang gerissen und in die Öffentlichkeit getragen, um darauf herumzutrampeln und zur nächsten unsinnigen, diffamierenden Debatte zu führen.

In jedem Fall ist die Familie, auch die gutbürgerliche, kein Garant dafür, darin gut aufgehoben zu sein. Oft sind gerade die Menschen, die einem nicht guttun, Teil der engsten Familie, und dann ist es notwendig, so viel Distanz zu suchen, wie man braucht, damit es einem gut geht. Familien können im besten Fall aber auch ein Ort der Geborgenheit und Liebe sein – so wie es eigentlich sein sollte. Dann drängt sich die Notwendigkeit, sich zu lösen, nicht unbedingt auf. So oder so glaube ich, dass jeder in seinem Familiengefüge, egal ob in einem funktionierenden oder einem problematischen, einen bestimmten Platz bewusst oder unterbewusst eingenommen hat und mit einer Rolle verbindet, in der er sich immer wieder findet. Jeder von uns kennt es sicherlich, wenn man auch im Erwachsenenalter noch in Situationen kommt, wo man sich wie ein Kind fühlt, weil das Gegenüber etwas in einem auslöst und einen so behandelt, wie man es seit jeher kennt: Der eine ist immer der Kasperl und unterhält die ganze Gesellschaft. Die andere ist immer die Fürsorgliche, die schon seit eh und je für alle zuständig war und sich kümmert. Oder man gilt in seiner Familie als Querulant und ist entsprechend derjenige, der was zu bemängeln hat, wenn alle anderen längst zugestimmt haben. Eine weitere, so scheint mir, sehr verbreitete Rolle ist die, immer alles im Griff haben zu müssen – eine Erwartungshaltung, die meistens schon früh an einen gerichtet wurde und die sich festgesetzt hat.

Vieles habe ich beobachtet, einiges kenne ich von mir selbst. Wenn man das Prinzip einmal verstanden hat, stößt man an jeder Ecke auf das Phänomen. Beim Gespräch mit einer Freundin wird bald klar, welchen Mustern sie folgt, wenn sie von ihrem Job erzählt. So ähnlich hatte das nämlich auch geklungen, wenn sie von früher über ihr Zuhause sprach. Mein Lebensgefühl, auf mich gestellt zu sein und mir selbst helfen zu müssen, kommt nicht erst aus der Zeit meiner Gefangenschaft. Und entsprechend das Gefühl, mich auf nur sehr wenige Menschen verlassen zu können und ihnen zu vertrauen. Natürlich haben die traumatischen Erlebnisse dieses Gefühl genährt, aber seinen Ursprung hat es schon früher.

Was ich damit deutlich machen möchte, ist, dass bestimmte persönliche Verhaltensweisen als Zuweisung oder Festlegung aus unserer Familiengeschichte kommen. Wir haben manche unserer Verhaltens- und Gefühlsmuster anscheinend so gelernt. Von klein auf waren wir in einem Gefüge zuständig für eine bestimmte Rolle, aus der man nicht so leicht wieder herausschlüpft. Der Platz in der Familie ist eben auch ein zugewiesener Platz in der Welt. Bei mir war dieser, wie gesagt, irgendwo ganz außen im Geäst. Wackelig und zugig, weit entfernt vom festen, erdverbundenen Stamm.

Fazit

Es gäbe tausend verschiedene Variationen nach den eigenen Rollen im Leben zu fragen, die sich zugleich auf die in der Familie beziehen. Jeder muss es für sich selbst herausfinden. Es ist deswegen interessant, sich die Frage zu stellen, warum man zum Beispiel bei manchen Dingen so ängstlich ist. Oder: Warum meint man immer, alles allein schaffen zu müssen? Warum ist man nicht in der Lage aufzuhören, selbst wenn die Belastungsgrenze erreicht ist? Warum kann man Komplimente oder Zuneigung nicht annehmen?

Darüber nachzudenken, in welchen Zuweisungen aus alten Zeiten man heute noch steckt, ist am Ende ein Augenöffner. Sieht man sich diese nämlich genauer an, hat man die Möglichkeit, sich eine selbstbestimmte, neue Rolle zu suchen, die einem möglicherweise mehr entspricht und die auch zeitgemäßer ist. Vielleicht ist man ja zum Beispiel längst nicht mehr das tollpatschige, pummelige Mädchen, das es niemandem recht machen kann, als welches man sich oft noch fühlt, sondern längst eine gestandene Frau, der schon Beachtliches im Leben gelungen ist und die vieles geleistet hat, auf das sie wirklich stolz sein kann.

Wenn wir diese Zusammenhänge verstanden haben, dürfen wir aber nicht ungeduldig mit uns sein und erwarten, dass sich gleich alles ändert. Dinge brauchen ihre Zeit, vor allem hierbei. So eine Rolle ist oft sehr eng mit der eigenen Persönlichkeit verwoben beziehungsweise gar schon ein Teil von ihr. Unsere Persönlichkeit formt sich schließlich sowohl aus Veranlagungen als auch aus Prägungen. Wenn man diese alten Muster aber erkennt, ist man zumindest schon mal so weit, sich selbst beobachten zu können – wie man sich wahrnimmt, wie man entscheidet und so weiter. Das ist ein erster Schritt zur Selbstbestimmung. Nach und nach kann man sich dann fragen, wer man eigentlich sein möchte und was noch so in einem schlummert.

DIE ORIENTIERUNG AN VORBILDERN

Neben der Familie gibt es zum Glück noch andere Prägungen und Lehrer fürs Leben. Schon als Volksschulkind, und bis heute noch, habe ich mir immer Vorbilder gesucht, deren Menschlichkeit und deren Lebensweise mich faszinieren. Die es sich zur Aufgabe gemacht haben, dem Leben und den Menschen anders zu begegnen.

In einer Wiener Hochhaussiedlung aufgewachsen, die damals noch mehr als heute ein sozialer Brennpunkt war, wurde ich schon sehr früh mit dem Elend anderer Menschen konfrontiert und habe einen Einblick bekommen, was es bedeutet, am Rande der Gesellschaft zu leben. Meine Familie war wirtschaftlich vergleichsweise gut aufgestellt, unter anderem dank der Bäckerei meiner Großmutter. Um uns herum gab es aber Arbeitslosigkeit, gepaart mit Alkoholismus und Gewalt. In diesem Umfeld habe ich schon früh begriffen, dass Menschen, die keine Geborgenheit und Liebe erfahren, dafür aber Prügel und Missachtung, dies entsprechend an andere weitergeben.

Es kommt also nicht von ungefähr, dass eines meiner frühesten Vorbilder der katholische Priester und Ordensgründer Don Bosco ist, der es sich zur Lebensaufgabe gemacht hatte, armen und benachteiligten Jugendlichen zu helfen. Er brach mit der damals weitverbreiteten Vorstellung, dass vor allem Jugendliche und Kinder, die Böses taten, auch böse waren, und wirkte der Vernachlässigung dieser jungen Menschen entgegen. Er bot ihnen Sinn und Werte im Glauben, die ihnen in liebevoller Weise vermittelt wurden, kümmerte sich um sie und durchbrach so für viele die angebliche »Logik des Bösen«. Dadurch war es ihm möglich, etliche seiner Schützlinge aus der Banden- und Jugendkriminalität in den Armenmilieus herauszureißen.

Diese Werte haben sich tief in mir verwurzelt. Schon als Volksschulkind, das im Religionsunterricht von Don Bosco und seiner Arbeit erfahren hatte, begeisterte mich die Geschichte seines Lebens, und er wurde mir ein glühendes Vorbild. Ein Poster von ihm hing jahrelang an meiner Zimmertüre.

Ich musste mich in meinem Leben immer wieder der Herausforderung stellen, diese Werte, für die Don Bosco stand, über die Deutung zu stellen, dass mein Gegenüber schlicht und einfach von Grund auf böse ist. Ich habe stattdessen immer versucht zu verstehen, was bei meinem Gegenüber, das mir Böses will, passiert war oder was ihm fehlte. Warum es mir so etwas antat und zumutete. Ich rang darum, Mitleid zu bewahren und trotz allem den Menschen dahinter zu sehen. Ich wollte das simple Prinzip von Gut und Böse nicht einfach hinnehmen, so naheliegend es auch scheinen mag.

Ich möchte damit nicht, wie so oft von den Medien geschildert, das Täter-Opfer-Prinzip umkehren. Es sollte in meinem Fall vollkommen klar sein, wem welche Rolle zufiel. Und dass ich meine eigene Menschlichkeit nur bewahren konnte, indem ich mein einziges Gegenüber nicht als die Ausgeburt des Bösen betrachtete, sondern weiterhin einen Menschen in ihm sah, der falsch handelte und dadurch Schuld auf sich lud. Dass er außerdem eine Geschichte haben musste, in der sein Verhalten begründet lag, und ich sogar Momente des Mitleids mit ihm empfand – und dass ich vor allem nicht für seinen Tod verantwortlich sein wollte, trotz allem, was er mir angetan hatte. Das wurde mir von der Öffentlichkeit und den Medien teils böse ausgelegt, als ich nach meiner Selbstbefreiung davon sprach.

Die einfachen Kategorien von Gut und Böse machen es einer Gesellschaft leicht, sich nicht ins Spiel bringen zu müssen, wenn es darum geht, Ursachen aufzuarbeiten und sich so aus der Verantwortung zu stehlen. Sie wirken so tief verankert, dass unsere Gesellschaft zumindest in medialen Debatten oft nicht sehr viel weiter zu sein scheint als die Menschen zu Don Boscos Lebenszeit im neunzehnten Jahrhundert.

Die Anfeindungen und Gemeinheiten, denen ich nach meiner Selbstbefreiung jahrelang ausgesetzt war, folgten genau diesem Muster und brachten mich zum wiederholten Mal an meine psychischen Grenzen. So hatte ich mir meine Freiheit nicht vorgestellt! Ich sah mich erneut vor die Herausforderung gestellt, hinter jeder Anfeindung und Verleumdung die individuellen Beweggründe und Nöte derjenigen zu sehen, die mich und meine Familie attackierten. Das verlangte mir zwar viel ab, aber nur so konnte ich nach und nach Distanz gewinnen und gegen meine Verzweiflung angehen.

Hätte ich diese Perspektive nicht für mich erobert, wäre die Verzweiflung möglicherweise in Hass umgeschlagen.

Ein Mensch wie Don Bosco hatte sein Leben dafür gewidmet, das Gute nicht verkümmern zu lassen und durch Taten das Böse zu entlarven als das, was es ist: verdrängte Verantwortung. Er war mutig genug, sich in das Spannungsfeld von Gut und Böse zu begeben und für Menschlichkeit einzutreten. Von Kind an bis heute war und ist er mir darin ein großes Vorbild, und er hat dafür gesorgt, dass ich in all den Situationen, die mir teils Übermenschliches abverlangt haben, meine Menschlichkeit bewahren konnte und ich mich nicht habe brechen lassen.

Ein anderes großes Vorbild war mir Ute Bock. Ich habe von ihr das erste Mal in meiner Gefangenschaft im Radio gehört. Sie setzte sich für Asylbewerber und Flüchtlinge ein, und neben der Leitung des Heimes im zehnten Wiener Gemeindebezirk hatte sie den Verein »Flüchtlingsprojekt Ute Bock« gegründet, der Asylbewerber mit Wohnraum, Kleidung, Kursen und der Vermittlung von juristischer sowie medizinischer Hilfe unterstützt.

Ihr Heim in der Zohmanngasse wurde zum Heim der Menschlichkeit, in Zeiten, in denen andere Menschen wegsahen. Sie hat ihr ganzes Leben denjenigen gewidmet, die ihre Hilfe und ihren Schutz brauchten, hat sich nicht auf ihrem Geburtsstand ausgeruht und ihre finanziellen Mittel für jene verwendet, die sie benötigten. Immer wieder gab es Leute, die sich querlegten und Hass und Ablehnung gegen ihre Arbeit schürten. Aber Ute Bock ließ sich davon nicht beirren. Mit all ihrer Lebenskraft kämpfte sie für das Recht auf Asyl und Menschenwürde für jene, die schon Furchtbares und Erniedrigendes hinter sich bringen mussten. Sie war der Überzeugung, dass ihnen ein rechtmäßiger und ein geschützter Platz in unserer Gesellschaft zusteht.

Ich durfte Ute Bock nach meiner Selbstbefreiung persönlich kennenlernen, und es kamen noch einige weitere Treffen zustande. Sie war eine der wenigen, die ich an mich heranlassen konnte. Das intensive Funkeln in ihren Augen wird mir immer unvergesslich bleiben, wenn sie sprach und betonte, dass sie sich nicht kleinkriegen lassen wolle. Die Energie, die von dieser zierlichen Person ausging, faszinierte mich. Menschlichkeit war ihr oberstes Gebot, und nichts konnte sie davon abbringen. In diesem kämpferischen Geist für das Gute ist sie mir noch heute ein großes Vorbild. Welch ein Geschenk, sie kennengelernt und Freundschaft mit ihr geknüpft zu haben.

Die Kraft, über sich selbst hinauszuwachsen

Vorbilder haben eine starke Motivationskraft auf unseren Geist. Sie zeigen, was möglich ist, und lassen uns über uns selbst hinauswachsen. An ihnen sehen wir, dass Dinge machbar sind, die undenkbar scheinen – und in etlichen Fällen sind sie auch eine moralische Institution.

Vielen von uns dienen berühmte Persönlichkeiten als Leitbilder, die aufgrund ihrer Taten Vorbildfunktion erlangten, so wie es bei Don Bosco oder Ute Bock der Fall war. Andere wiederum, Persönlichkeiten des öffentlichen Lebens, nutzen ihre Berühmtheit, um Vorbilder zu sein. Eine Rolle, die auch ich für mich angenommen habe. Schon in Gefangenschaft hatte ich den Entschluss gefasst, sollte ich das alles jemals überleben, künftig anderen Menschen helfen zu wollen, die so wie ich Opfer von Gewalt, Unterdrückung und Misshandlung geworden sind. Und das tat ich dann auch. Ich spendete und sammelte nach meiner Selbstbefreiung Geld für andere und versuchte durch meine Bücher *10 Jahre Freiheit* und *Cyberneider*, auf den gesellschaftlichen Missstand bezüglich des Umgangs mit Gewalt- und Missbrauchsopfern aufmerksam zu machen.

Geleitet von Don Boscos Vorbild, durfte ich so unter der Schirmherrschaft seines Ordens im Herbst 2011, finanziert mit den nach meiner Befreiung erhaltenen Spenden, eine Kinderkrankenstation zur medizinischen Versorgung für Kinder und werdende Mütter auf Sri Lanka eröffnen. Bereits als ich damals in meinem fünf Quadratmeter kleinen Verlies im Radio davon hörte, welche Not ein Tsunami über dieses sowieso schon bitterarme Land gebracht hatte, bewegte mich das zutiefst. Ich war überwältigt vor Freude, als ich diesen Wunsch zu helfen wirklich in die Tat umsetzen konnte. Da der Besuch des Landes mir auch zeigte, dass es noch viel mehr Einsatz braucht, um die Lebenssituation der Kinder dort zu verbessern – und neben einer adäquaten Gesundheitsversorgung vor allem Bildungsprojekte notwendig sind, die sozial benachteiligten Kindern und Jugendlichen eine Chance geben –, setzte ich mich weiter für Ausbildungsprojekte von *Jugend Eine Welt/Don Bosco in Sri Lanka* ein. Auf meiner Reise konnte ich mir mehrere Schulen und Kinderwohnheime dieser Einrichtung ansehen. Das Glück, das ich dabei empfunden habe, lässt sich gar nicht beschreiben.

Oft fühlen wir uns nicht stark genug, der Welt etwas entgegenzusetzen, geschweige denn ihr etwas zu geben. Die Not und das Elend, was wir tagtäglich im Fernsehen oder bei uns vor der Türe auf der Straße vorfinden, erscheinen uns dann nicht nur zu viel und zu groß, sondern können uns in einen Gefühlsstrudel aus Depression und Hilflosigkeit reißen.

Sich an jenen zu orientieren, die dem eine überzeugende Menschlichkeit entgegengesetzt und ihr Mitleid bewahrt haben, all ihre Energie gebündelt und damit für Einzelne oder für viele etwas verändert haben, ist eine große Kraft, um nicht zu resignieren.

Fazit

Mir scheint, dass viele Angst davor haben, sich Menschen zum Vorbild zu nehmen, die Großes geleistet haben, weil sie sich dann erst recht klein fühlen könnten. Dabei lassen sie außer Acht, dass es nicht darum geht, genauso Großes oder genauso viel zu schaffen, wie diese Leitbilder. Es geht vielmehr darum, Orientierung durch sie zu gewinnen, um an dem dranzubleiben, worum es einem im Leben wirklich geht.

Auf keinen Fall sollte man sich von anderen entmutigen lassen, was auch immer man für Visionen oder

Ideen hat, denn im Grunde fehlt diesen Menschen oft selbst nur der Mut. Ich folge lieber jenen, die sich in ihrem Herzen ihrer selbst sicher sind, die letzten Endes anderen helfen können, ihr Potenzial ebenso zu sehen und sich im Innersten zu öffnen. Sind wir mal ehrlich, es nützt ja nichts, an der Welt zu leiden, weder uns noch ihr. Deswegen ist es bewegend, Menschen zu sehen, die etwas verändern. Und im besten Fall bewegt es auch uns zum Handeln.

DAS SELBST UND DIE ANDEREN

Neben der Familie, die wir uns nicht aussuchen können, und Vorbildern, an denen wir uns orientieren, gibt es noch das Umfeld von Freunden und gesellschaftlichen Einflüssen in unserem Leben, das auf uns einwirkt.

Nach den vielen Jahren meiner Gefangenschaft, abgeschnitten von der Welt, war ich voller Träume, wie schön es sein würde, endlich wieder in die Gesellschaft zurückzukehren. Dort angekommen, musste ich aber erst einmal lernen, wie grausam doch viele Menschen sind.

Ich war glücklich, endlich frei zu sein, war jedoch so naiv zu glauben, anderen ginge es auch so und sie würden sich mit mir freuen. Dabei wurde es mir alles andere als leicht gemacht – es war kein Märchen, in dem sich alle selig in die Arme fielen. Stattdessen wurden mir unfassbare Dinge unterstellt: Ich sei berechnend und geldgierig, und alles, der ganze Fall, sei von vornherein geplant gewesen. Ehemalige Ermittler, private wie offizielle, versuchten, ihre verstiegenen Gedankenkonstrukte irgendwie zu untermauern, indem sie immer haarsträubendere Behauptungen zur Debatte stellten. Sie waren bei der Sache letztlich nicht gut ausgestiegen, haben jahrelang falsche

Spuren verfolgt und wurden schließlich mit dem Scheitern ihrer Bemühungen konfrontiert. Ich kann mir ihr Verhalten nur damit erklären, dass Scham, Wut und Demütigung eine gewichtige Rolle spielten, brachen doch all ihre Ermittlungsansätze und Theorien wie Kartenhäuser in sich zusammen.

Auch etliche Journalisten sprangen ohne Bedenken auf diesen Zug auf. Sie hatten schon vorher einiges an Unheil angerichtet, teils ohne es wirklich zu wollen, teils aus mangelnder Empathie und schlechter Recherche heraus. Nach meinem Wiederauftauchen und meinem Brief an die Weltöffentlichkeit belagerten sie mich und meine Familie aber richtiggehend. Sie zeigten keinerlei Respekt vor meiner Privatsphäre und hatten keine Skrupel, wo immer es ging, in sie einzudringen – für eine Schlagzeile war jedes Mittel recht. Es war ständig irgendeine Reaktion oder ein Statement von mir gefragt. Wie es mir mit alldem ging, kümmerte nur wenige, kaum jemand wollte mir meine Freiheit lassen, mir mein neues Leben gönnen. Anstatt von Verständnis und Mitgefühl getragen zu werden, begegnete man mir nur allzu oft mit Hass, Neid und Misstrauen.

Zuerst verfiel ich in einen Zustand von Abwehr. Man merkte mir mein Unbehagen bei jedem weiteren Interview an. Ich wurde zurückhaltender und mochte die meisten Journalisten schon aufgrund ihrer übergriffigen Fragestellungen nicht. So gut wie jeder wollte sein Stück vom Kuchen der Aufmerksamkeit, von dem man sich eine Karriereförderung erhoffte, abhaben: Ärzte, Berater, Anwälte, Ermittler. Auf einmal war ich von Leuten umgeben, die sich alle in mein Leben einmischten. Es dauerte Jahre, mich davon frei zu machen und selbst über mich und mein Leben zu bestimmen.

Und auch im Alltag, auf Social Media oder in privaten Kreisen begegnete ich dieser Übergriffigkeit. Ich bekam Berge an Post, unglaublich viele Schreiben waren voller Mitgefühl und Anteilnahme für meine Situation. Einige maßten sich aber auch ungeheuerliche Dinge an, schickten mir abgetragene Kleidung, boten mir Stellen als Putzfrau an, wollten mich adoptieren oder priesen mir ihren heiratsfähigen Sohn an. Neben moralischen Belehrungen und Bibelzitaten fehlten selbst anzügliche Fotos nicht sowie alle möglichen Äußerungen krankhafter Fantasien. Es war erschreckend für mich, in meiner wiedergewonnenen Freiheit mit derartigen menschlichen Abgründen konfrontiert zu sein, von denen ich dachte, sie hinter mir im Verlies gelassen zu haben. Nur mit therapeutischer Unterstützung konnte ich die Angst überwinden und wieder unter Menschen gehen, raus auf die Straße, für Einkäufe oder Spaziergänge. Ständig musste ich mich fürchten, erkannt zu werden und unsägliche Distanzlosigkeiten über mich ergehen zu lassen, ob es nun Beschimpfungen, geschmacklose Witze oder spontane Umarmungen und Mitleidsbekundungen waren. Ich war für viele zur öffentlichen Projektionsfläche geworden – mit mir als Person hatte das nichts zu tun. Das wusste ich, aber trotzdem war es schwer, sich aufrecht zu halten und unter dieser Belastung nicht zu zerbrechen.

Außerhalb des Rampenlichts war es entsprechend schwierig, Menschen auf eine vertrauensvolle und unvoreingenommene Art kennenzulernen. Bis sich Freundschaften entwickelten, wo meine Persönlichkeit nicht nur als ein Produkt der Gefangenschaft gesehen, mir aber trotzdem mit der nötigen Empathie begegnet wurde, dauerte es. Von Gleichaltrigen trennten mich Welten, ich hatte eine ganze Lebensphase verpasst, die, als ich mit achtzehn Jahren endlich in Freiheit war, nicht einfach nachzuholen war. Ich habe es versucht, ging aus, traf mich mit Leuten, war tanzen. Die Tatsache, dass ich durch meine Entführung eine Person des öffentlichen Lebens geworden war, wurde mir dabei aber erneut zum Hindernis. Wer sich mit mir zeigte, geriet ins ungewollte Rampenlicht. Es war mir furchtbar unangenehm, wenn man zu mir befragt wurde, sobald ich auf die Toilette ging, oder wenn am nächsten Tag Gerüchte über uns in der Öffentlichkeit verbreitet wurden. So war im privaten Kreis für manche meine Anwesenheit eine Überforderung. Es war ihnen zu viel, dass meine Geschichte eine solche Rolle spielte. Man konnte sich mit mir halt nicht mitten ins Restaurant setzen oder einfach in die Straßenbahn steigen, nachdem ich dort schon unangenehme Erfahrungen gemacht hatte.

Die gut gemeinten Ratschläge reichten von »mich nicht so anzustellen« bis hin zu »mich aus der Öffentlichkeit zurückziehen, dann hätte ich endlich meine Ruh«. Kam es dann noch so weit, dass ich in Gesprächen etwas einbrachte, das irgendwie auf meine Vergangenheit verwies, war die Überforderung vollständig. Andere wiederum ließen ihrer ungezügelten Neugier freien Lauf, und es ging um nichts anderes als meine »dunkle, grauenvolle« Geschichte. Solche Situationen zwangen mich zunächst in den Rückzug, der mal wieder nicht selbst gewählt war. Das machte mir zu schaffen, meine Sehnsucht nach einem normalen Leben war so groß gewesen. Jeder Tag, den ich in Freiheit verbrachte, lehrte mich, wie unfassbar weit auch hier die Normalität für mich entfernt war. Zum Glück gibt es mittlerweile diese Menschen in meinem Leben, von denen ich mich als ganzer Mensch angenommen fühle. Ich genieße es, in kleiner Runde mit ihnen zusammenzusitzen, meine Zeit zu teilen, sich gegenseitig zu bekochen und dabei intensive Gespräche zu führen. Diese Intimität entspricht meinem Wesen, genauso wie viel Zeit allein zu verbringen. Dass das so ist, musste ich erst einmal lernen und als mein Bedürfnis anerkennen, denn erwartet wurde von mir etwas ganz anderes: dass ich mich ins volle Leben zu stürzen habe, nachdem ich ja so viel verpasst hatte. Unter diesen Umständen war es denkbar schwierig, zu jener Unbeschwertheit zu finden, die mir von Natur aus zu eigen ist.

Ich brauchte einige Jahre, bis ich verstand, welch ungeheuerliche Anmaßung es von anderen war, sich in mein Leben einzumischen und darüber zu urteilen. Niemand hatte sie dazu eingeladen. Ich erkannte, dass ich nicht mehr zulassen durfte, so attackiert zu werden, oder dass man mir sagt, was das Beste für mich sei. Das bedeutet für mich, dass ich keinem Rechenschaft schuldig bin, dass ich mich abgrenzen darf und andere Menschen aus gewissen Bereichen meines Lebens raushalte und sie nur reinlasse, wo und wann ich das möchte und für richtig halte. Ich verstand, dass es an mir war, Grenzen zu setzen und darauf zu achten, dass sie eingehalten würden. Ich durfte nichts auf den guten und entgegenkommenden Willen der anderen geben und darauf hoffen, dass sich meine Umwelt änderte – und ich plötzlich nur von verständnisvollen und selbstreflektierten Menschen umgeben wäre. Herzensbildung kann man nicht so einfach von jedem erwarten und sich im Normalfall nur selbst erarbeiten. Sobald ich mir dessen bewusst war, wurde es leichter für mich, wieder zu meinem alten und vertrauten Ich zurückzufinden.

Die Kraft des Selbstbewusstseins

Nur wenige Menschen bieten ein Umfeld, das eine zuträgliche Atmosphäre für Heilung schafft, vor allem wenn die Verletzungen und Traumen tiefgreifend sind, die wir erfahren mussten. Dabei suchen wir uns oft unbewusst Menschen aus, die unsere eigenen Ängste und Unsicherheiten spiegeln und noch fördern. Statt zu heilen und im besten Fall zu wachsen, geschieht das Gegenteil: Wir lassen zu, dass das Außen bestätigt, das wir klein und gebrochen sind, dass wir dies und das nicht können, dass wir übersehen werden, dass wir zu viel sind – es gibt etliche Varianten der eigentlich immer gleichen Message: »Du bist nicht richtig! Du bist nicht passend, so wie du bist!«

Es wäre naheliegend zu sagen: »Such dir andere Menschen, die dich verstehen und die gut zu dir sind.« Doch das sagt sich so leicht. Man kann sich nicht immer konsequent vor unsensiblen Leuten zurückziehen oder sich restlos vor ihnen schützen.

Außerdem weiß ich heute, dass schlimmes Leid nicht nur die, die es selbst erlebt haben, sondern auch jene, die davon erfahren, mit einem Gefühl tief empfundener Ohnmacht lähmen kann. Mein Schicksal hat in anderen oft Ängste und Gefühle der Machtlosigkeit hervorgerufen, was auf verletzende Art auf mich zurückfiel. Man sollte akzeptieren, dass nicht jeder alles versteht und sich in die Sorgen, den Kummer und die Probleme anderer hineinversetzen kann oder möchte. Jeder hat seine bewussten und unterbewussten Gründe dafür. Arroganz und Ignoranz sind dabei oft nur Ausdruck tiefer Verunsicherung. Menschen, die so reagieren, stehen größtenteils selbst haltlos im Leben. Um sich selbst aufzuwerten oder Bestätigung für ihre Gedanken zu bekommen, versuchen sie, einen in ein bestimmtes Licht zu rücken und einem Dinge zuzuschreiben, die dafür sorgen, dass man sich schlecht fühlt.

Wichtig ist, diese Mechanismen zu begreifen und in solchen Beziehungen keinen Halt oder Orientierung zu suchen. Dafür muss man jene Personen nicht zwangsläufig aus seinem Leben verbannen – wie gesagt, ist die Welt voll von ihnen. Und gegebenenfalls ändern sich Menschen ja. Aber Halt kann man im Grunde nur in sich selbst finden und nicht in anderen. Je mehr man bei sich ist, desto weniger können einem Anfeindungen und äußere Einflüsse etwas anhaben.

Fazit

Ich bin der Überzeugung, solche Zuschreibungen grundsätzlich für sich selbst zu durchschauen, ist ein wichtiger Schritt zu einer bewussten, starken, selbstbestimmten Persönlichkeit. Selbstbewusstsein heißt ja, sich seiner selbst bewusst sein – um den Platz im Leben einzunehmen, der zu einem passt und der einem wirklich zusteht.

Je weiter wir zulassen, dass man uns kleinhält, desto mehr glauben und leben wir das auch. Wir dürfen uns nicht verdrängen lassen von der Missgunst, dem Neid oder der Angst anderer. Dafür müssen wir uns zuallererst selbst Mitgefühl geben, geduldig mit uns sein, wo es nötig ist, und an uns glauben. Wer sollte es sonst tun, wenn nicht wir?

Es braucht eine gute und liebevolle Auseinandersetzung mit uns selbst, dann werden wir ganz von allein die notwendige Distanz schaffen und Grenzen ziehen gegenüber denen, die uns nicht guttun. In meinem Fall hat es geholfen, mich selbst verstehen zu lernen, sodass auch andere mich besser verstehen konnten. Es hat die Hilflosigkeit, derart traumatisierenden Themen gegenüberzustehen, auf beiden Seiten minimiert. Wir haben es selbst in der Hand, uns eine gesunde Atmosphäre zu schaffen, in der wir heilen und wachsen können.

DIE FACETTEN DER EINSAMKEIT

Einsamkeit macht den meisten Menschen Angst. Wir sind soziale Wesen, und in Gemeinschaft fällt uns vieles leichter, wie Leid zu ertragen oder Freude zu teilen. Für mich hat Einsamkeit viele Facetten, und ich habe sie von verschiedenen Seiten her kennengelernt.

In Gefangenschaft bedeutete allein zu sein nicht Einsamkeit, sondern frei zu sein von den Drangsalierungen des Täters. Zu Beginn wünschte ich mir vor lauter Angst vor der Isolation, die mir als Kind natürlich furchtbar unheimlich war, dass der Täter in meiner Nähe bleibt und mir Gesellschaft leistet. Ich bat ihn, mir etwas vorzulesen oder mit mir Brettspiele zu spielen, nur um nicht allein dort unten zurückbleiben zu müssen. Ich hatte sogar den Wunsch, von ihm umarmt zu werden, um ein Gefühl von Normalität, das für mich selbstverständlich an menschliche Nähe gebunden war, herzustellen. Nach einer gewissen Zeit aber, als ich angefangen hatte, mich an die Situation zu gewöhnen – und es ist ja erstaunlich, an was wir Menschen uns alles gewöhnen –, war jede Stunde, die ich mit mir allein war, ein Segen. Es bedeutete für mich, nicht den Launen des Täters ausgeliefert zu sein und mich seiner zwanghaften Kontrolle und willkürlichen Gewalt, der er mich später aussetzte, entziehen zu können. Allein zu sein im Verlies, empfand ich deswegen als einen Zustand der Sicherheit, und so wurde mir die Einsamkeit eine gute Freundin. Ich schuf mir nach und nach in meinem Innersten einen Rückzugsort, in den der Täter nicht eindringen konnte.

Das waren Zeiten, in denen ich mich wirklich selbst kennengelernt habe. Auf der einen Seite bedeutete es, dass ich vor mir nicht fliehen konnte, Dinge mit mir ausmachen musste, die ich nicht an mir mochte, oder mir Fehler eingestehen musste. Niemand war da, um mich zu beschwichtigen und zu sagen: »Ach, ist doch nicht so schlimm.« Wenn ich ehrlich zu mir war, musste ich mich wirklich damit konfrontieren. Meine Fähigkeit zu reflektieren ist daran sicher gewachsen. Auf der anderen Seite hieß es auch, für mich da zu sein, mir selbst eine gute Gesellschaft zu sein und dabei meine positiven Seiten anzuerkennen.

Ich habe bereits erzählt, wie wichtig meine innere Vorstellungskraft für mich war. Diese Eigenschaft hatte ich schon vor der Gefangenschaft stark entwickelt. Oft lag ich in meinem abgedunkelten Zimmer auf dem Bett, wenn ich wieder einmal keinen Anschluss zum Spielen im Hof gefunden hatte oder meine Eltern sich stritten. Dann verstieg ich mich in Gedanken in meinen Fantasiewelten und bewegte mich dort. Es waren Orte, an denen es mir gut ging und ich Geschichten entwerfen konnte, die einen Ausgang hatten, wie ich ihn mir wünschte. Es waren Orte, an denen ich, mit mir allein, alles haben konnte, was es brauchte, um glücklich zu sein.

Diese Fähigkeit zur mentalen Flucht vor der Realität war später, während meiner Gefangenschaft, eine kostbare und

lebensrettende Gabe: Wenn die Realität mich bedrängte, öffnete ich, sobald ich allein mit mir war, die Schleuse, die mich in mein Innerstes führte und durch die ich entkam. Und wie schon als Kind fand ich einen Schutzraum in meiner Vorstellungskraft vor.
Der Gewinn aus dieser Zeit ist, dass ich die Einsamkeit genießen kann. Sie ist für mich noch heute ein Versteck, das ich gerne aufsuche, um für mich zu sein und meinen Gedanken und Ideen nachzugehen. Es ist die Zeit, in der ich kreativ bin, Pläne schmiede und recherchiere, wie sie zu verwirklichen sind.
Einsamkeit ist für mich überdies das Gefühl des All-Eins-Seins mit dem Universum. Das bedeutet auch eine unauflösliche Verbundenheit mit den Menschen, die ich liebe. Diese Gewissheit habe ich in der Gefangenschaft kennengelernt, und sie ist mit ein Grund, warum ich Einsamkeit nicht als negativen Begriff auffasse. Ich muss bis heute nicht räumlich in der Nähe jener sein, die ich liebe, um das Band zwischen uns als unauflöslich zu spüren. Ich empfinde diese Verbundenheit als eine tiefe Art von Gemeinschaft, die unabhängig von realem Kontakt, irgendwelchen Disharmonien und Konflikten ist.

Natürlich hat Einsamkeit auch für mich noch ein anderes Gesicht, das sich nicht schönreden lässt. Gerade für jemanden, der wie ich in Gefangenschaft und Isolation leben musste, war es eine unbeschreiblich große Sehnsucht, Gemeinschaft erleben zu wollen. Diese Normalität, dass es Menschen gab, die sich in der Welt bewegten und denen es gut zu gehen schien, wie sie zusammen in einem Auto fuhren und Musik hörten, bei einem Kaffee beieinandersaßen und miteinander plauderten oder Hand in Hand über die Straße gingen, beruhigte mich, und ich wollte auch endlich, nach so vielen Jahren der Gefangenschaft, an ihr teilhaben. Die ständige Überwachung, Befragung und Belagerung, die ich anfangs nach meiner Selbstbefreiung über mich ergehen lassen musste, war dafür wirklich kein Ersatz. Ich wollte qualitative Zeit mit anderen Menschen verbringen und Gemeinschaft erleben.

Was ich aber fast überall zu hören bekam, war, dass ich erst einmal lernen müsse, auf eigenen Beinen zu stehen. Dass es Leute gäbe, bei denen ich mich melden könne, wenn ich Probleme hätte. Zu kochen oder ins Kino zu gehen, wurde als eine Aufgabe aufgefasst, die ich erst mal lernen sollte, allein zu bewältigen – so wie in Urlaub zu fahren. Gleichzeitig sah ich, dass es etliche Menschen gab, denen man es zugestand, nicht mal ihren Haushalt allein schaffen zu müssen oder allein im Kaffeehaus zu sitzen und Zeitung zu lesen. Ich, die ich immer allein gewesen war, sollte nun lernen, allein zurechtzukommen, während andere bei allem, was die taten, jemanden an ihrer Seite hatten. Dabei ging es mir doch nur darum, gemeinsam Zeit zu teilen und jemanden bei mir zu haben, um mich nicht so ausgeliefert zu fühlen, wenn ich in die Öffentlichkeit trat. Aber: Ich konnte ja alles allein, wenn ich musste. Und ich musste leider.

Anderen wieder zu vertrauen und Freunde zu finden, die mich annahmen, wie ich bin, war ein langer Prozess. Es gibt noch heute viele Menschen, für die meine Geschichte eine Art Hintergrundrauschen darzustellen scheint, das sie nicht aushalten, so als wäre da etwas Ungesagtes, vor dem sie sich fürchten müssten, weil es sie anspringen könnte. Es gibt mir das Gefühl, eine Art Kryptonit zu sein. Und weil mir solche Situationen immer wieder begegnen, komme ich mir manchmal noch wie eine Fremde in dieser Welt vor.

In der Einsamkeit suche ich dann nach Rückzugsmöglichkeiten und finde dort die innere Kraft, um mich dem Außen zu stellen. Je mehr ich in mir bin, meine Grenzen kenne und darum weiß, was mich ausmacht, desto angstfreier kann ich voller Selbstvertrauen nach außen gehen und anderen begegnen. Dann können mich Ablehnung und Enttäuschungen nicht so tief verletzen.

Das Hintergrundrauschen, das manche als so bedrohlich empfinden, ist die Resonanz einer Geschichte, die ich nicht ablegen kann. Sie ist ein Teil von mir und hat mich zu dem gemacht, was ich bin: ein Mensch, der Wahnsinniges überlebt hat und das für immer in seinem Wesen, seiner Seele und seinen Erkenntnissen trägt. Aber weil ich jeden Tag aufs Neue erhobenen Hauptes und voller Optimismus und Vertrauen in mich und das Schöne in der Welt auftrete, dürfen die Menschen um mich herum dieses Rauschen im Hintergrund als Bereicherung annehmen. Das Vertrauen in mich selbst habe ich zum Glück nicht verloren und auch das in andere nie ganz. Und mittlerweile habe ich tatsächlich Menschen kennengelernt, die meine Gegenwart als Bereicherung annehmen, mich als ganze Person wahrnehmen, ohne mich nur vor der Folie meiner Erlebnisse zu sehen. Es sind Menschen, die für mich da sind und für die ich da sein darf – zum Glück.

Die Kraft, eins zu sein mit sich selbst

———

Einsamkeit kann ein bedrohlicher Ort sein, aber eben auch ein guter, beschützender. Es kommt darauf an, wie wir Einsamkeit interpretieren: Unser Blick darauf macht es aus, was es für uns bedeutet, allein zu sein. Wenn wir uns ständig einreden, dass es schrecklich ist, allein zu sein, und dass uns niemand liebt, dann wird das tatsächlich auch zu unserer Realität werden. Menschen, die so denken, brauchen immer jemanden an ihrer Seite, um sich glücklich zu fühlen. Manche verharren deshalb lieber jahrelang in einer Beziehung, die ihnen schadet, anstatt den Schritt herauszuwagen und die Art Einsamkeit kennenzulernen, die sie mit sich selbst ins Reine bringt.

Zeit mit sich zu verbringen, kann sehr beruhigend sein. Ich habe die Erfahrung gemacht, dass ich mir selbst vertrauen kann und in der Lage bin, allein durchs Leben zu gehen. Ich bin gerne in guter Gesellschaft, schätze die Gemeinschaft mit anderen Menschen – aber ich *muss* es nicht, und es ist gut, diese Sicherheit zu haben, weil sie Selbstvertrauen schafft. Es hilft dabei, sich nicht in Abhängigkeiten zu anderen zu begeben, nur um nicht mit sich allein zurückbleiben zu müssen. Ich konnte nämlich durchaus beobachten, dass sehr oft Unsicherheit und ein schlechtes Selbstwertgefühl der Grund sind, Einsamkeit mit Versagen und Ablehnung gleichzusetzen. Wenn es einem daran fehlt, hilft es nur, sich gut um sich selbst zu kümmern und zu schauen, was man wirklich braucht. Das erfordert Zeit und Beschäftigung mit sich selbst. Andere können das nicht für einen leisten, und es ist auch nicht ihre Aufgabe.

Fazit

In der Einsamkeit kann man Unabhängigkeit finden. Sie ist geknüpft an das Bewusstsein der eigenen Endlichkeit. Ich für mich kann sagen, dass ich Einsamkeit zuweilen sehr genieße. Ich empfinde sie als einen befriedigenden Zustand, in dem ich Dingen nachgehen kann, die mich beschäftigen und mir Freude bereiten. Einsamkeit ermöglicht eine intensive Auseinandersetzung mit sich selbst und eine Innenschau, ohne Eindrücke und Meinungen von außen. Dadurch kann sich das eigene Potenzial hervorragend entfalten.

Auf der anderen Seite macht Einsamkeit auch deutlich, wie sehr man ein soziales Wesen ist. Die Sehnsucht, mit anderen Menschen zusammen zu sein, ist nur natürlich. Zwar wurden wir als Einzelne, die für sich kämpfen müssen, geboren – gleichzeitig sind wir aber als Einzelne in ein Kollektiv eingebettet und sind nur gemeinsam stark. Sich anderen Menschen zuzuwenden und mit ihnen in Frieden und gegenseitiger Unterstützung zu leben, hilft, um das Gefühl von Einsamkeit nicht zu groß werden zu lassen. Zum

Beispiel durch soziales Engagement. Es gibt so viele auf der Welt, die auf unsere Hilfe angewiesen sind. Und wenn man selbst bereit ist zu geben, erhält man auch immer etwas zurück.

TRAUMEN UND NEGATIVE ERINNERUNGEN VERARBEITEN

Wenn ich bisher über Vergangenheit und Erinnerung gesprochen habe, dann noch gar nicht darüber, wie ich mit all dem, was ich in meiner Gefangenschaft erleben musste, umgehe. Wie ich das Trauma, das ich in meiner Vergangenheit erfahren habe, aufgearbeitet habe und heute noch erlebe. Erinnerungen sind in diesem Kontext keine Quelle der Kraft, sondern ein schwarzer Schlund, vor dem ich mich schützen muss, damit er mich nicht verschlingt. Und es ist die eine Frage, die mir immer wieder von verschiedenster Seite gestellt wurde: Wie verarbeite ich das, was mir passiert ist?

Dazu möchte ich sagen, dass ich auch die Jahre nach meiner Selbstbefreiung als traumatisierend erlebt habe, dadurch, wie in der Öffentlichkeit mit ihr umgegangen wurde. Während meiner Gefangenschaft hat mich die Vorstellung meiner Zukunft, wie es sein würde, sich wieder unter Menschen zu bewegen und mit ihnen zusammen zu sein, am Leben gehalten. Diese Annahme wurde auf einmal und nahezu nachhaltig zerstört. Viele Menschen haben sich als unreflektiert und grausam mir gegenüber erwiesen. Ich musste für alle möglichen und unmöglichen Projektionen herhalten, bei denen die Leute besser als ich wussten, wer ich bin, was ich erlebt habe, wie man damit umgeht und was ich fühle. Dass das noch dazu in aller Öffentlichkeit passiert war, hat es umso schwerer gemacht. In meinem Buch *10 Jahre Freiheit* habe ich ausführlich darüber erzählt, was ich in dieser Zeit erlebt habe und wie es mir damit ergangen ist.

Heute bin ich an einem Punkt, wo ich gelernt habe, mit meiner Vergangenheit umzugehen, und wo ich Heilung erlebt habe, trotz der vielen Hindernisse, die mir in den Weg gelegt wurden. Das heißt, dass ich auch gelernt habe, zu unterscheiden, was und wer mir guttut, um im Heilungsprozess voranzukommen. Mir hat es in allen Lebenslagen geholfen, über mich zu reflektieren und etwas zu betreiben, was ich als »Psychohygiene« bezeichne. Dadurch habe ich es geschafft, ein besseres Gefühl für mich zu bekommen und mir selbst zu helfen, weiter am Leben Anteil zu nehmen und es positiv für mich zu gestalten. Es war eine anstrengende Reise, bis ich wieder in Balance war. Aber es gab glücklicherweise immer irgendwo einen Anker, der mich am Boden hielt.

Es ist nicht leicht, in allen Situationen einen kühlen Kopf zu bewahren, und manchmal scheint es durch äußere Einflüsse unmöglich, zu einer Lösung eines akuten Problems zu gelangen. Das weiß ich sehr gut. Selbst wenn der Körper sich von den Torturen im Verlies erholen konnte und alles schon so lange her ist, sodass physisch sichtbare Verletzungen und Narben längst verheilt sind, verblasst die Erinnerung nicht.

Alles, was uns im Leben widerfährt, begleitet uns fortan im Guten wie im Bösen, so geht es jedem. Die Geschichte meiner Entführung ist wie eine zweite Haut, wie ein Tattoo. Ich kann durch eine Art Genesis gehen, um mich zu erneuern und mich neu zu definieren, aber es wird immer auf Grundlage dessen sein, was mit mir passiert ist. Die Vergangenheit wird immer eine Rolle spielen.

Ich habe die Erkenntnis gewonnen, dass Erlebnisse, auch wenn wir sie scheinbar erfolgreich ins Unterbewusstsein gedrängt haben, so tief in unserer Seele verankert sein können, dass es wichtig ist, sich genügend Zeit und Raum zur Verarbeitung zu geben. Die Ohnmachtsgefühle, die mich einholten, wenn Erinnerungen hochkamen, und die Selbstvorwürfe und der Selbsthass, von der Öffentlichkeit noch geschürt, mussten wieder und wieder neu sortiert und widerlegt werden. Da war ich schon einen Schritt weiter, und erneut schleuderte es mich zurück in Hilflosigkeits- und Schamgefühle.

Es ist eine dieser verbreiteten und falschen Überzeugungen, dass sich Opfer immer nur selbst leidtun. Wenn das so wäre, wäre es sogar gut, denn es ist nichts anderes als Selbstmitgefühl. Irgendjemand muss schließlich einfühlsam mit einem sein, wenn es schon das Umfeld nicht ist. Die meisten Opfer tun sich aber nicht einfach nur leid, sondern hinterfragen sich ständig selbst und suchen den Fehler bei sich. Es beginnt ein Kreislauf von Schuld und Scham, aus dem sie so schnell nicht mehr entkommen. Jahrelange Selbstvorwürfe und Isolation sind die Konsequenz, weil man mit dem Gefühl lebt, einen Fehler begangen zu haben. Leider weiß ich aus eigener Erfahrung, wie viele Menschen dieses Gefühl mit ihren Vorhaltungen ganz bewusst in einem hervorrufen wollen. Und wie schwer es ist, sich innerlich dagegen zu wehren. Man steckt in einem enorm ungesunden Kreislauf. Nicht wenige Opfer spalten diesen Teil ihres Lebens komplett ab, kommen nie ganz mit sich ins Reine. Und zurück bleibt das Gefühl, über einen Makel zu verfügen.

Traumatische Erinnerungen sind tief ins Körpergedächtnis eingegraben. Wenn ich psychisch geschwächt wurde, bedeutete das auch, dass mein vegetatives Nervensystem kollabierte. Ich litt unter Schlafstörungen, hatte Herzrasen und Angstzustände. Das ist es, was man Trauma nennt. Es hat viel Geduld für mich selbst erfordert. Ich spreche einmal mehr aus Erfahrung, wenn ich von einer gewissen Orientierungsphase, einem Selbstfindungsprozess rede, der Zeit braucht und nur in liebevoller Selbstakzeptanz gelingt, umso mehr, wenn er nicht ungestört vonstattengehen kann.

Von außen wird einem gewiss kein Rosenbett bereitet, in das man sich sanft hineinfallen lassen könnte. Zum Glück ist das aber auch nicht notwendig, weil man sich selbst der wichtigste Begleiter in diesem Prozess ist.

Es ist tatsächlich hilfreich, sich verstanden fühlen zu können. Dazu muss man sich jedoch selbst ein wenig mehr verstehen lernen und eben geduldig mit sich sein. Für mich wären wichtige Befreiungsschritte ohne therapeutische Arbeit, wie etwa eine Traumatherapie oder eine Gesprächstherapie mit einer Arbeit am inneren Kind, nicht so ohne

Weiteres denkbar gewesen. Ich interessierte mich von Anfang an dafür und ging gerne in die Psychotherapie, um in einem neutralen Raum endlich über jene Dinge sprechen zu können, die für Außenstehende nur schwer verständlich oder gar nicht zuordenbar waren und bleiben. Mit der Zeit – und Zeit ist relativ, ich brauchte Jahre dafür – konnte ich den Schutzpanzer, den ich gebildet hatte, ein Stück weit aufbrechen, weil ich lernte, mir mehr zuzutrauen und so zu mehr Selbstakzeptanz und schließlich mehr Selbstliebe zu finden. Ich lernte, mein eigenes Leben neu und besser zu beurteilen. Ich konnte plötzlich Lebensqualität verspüren, weil mir die Therapie Mut machte, meine Schaffenskraft zu entwickeln, und mich in meiner Kreativität bestärkte.

Die Kraft der Selbstheilung

Jeder Mensch trägt Erinnerungen in sich, die ihn schmerzen. Genauso wie wir die guten Erinnerungen in unserem emotionalen Gedächtnis gespeichert haben, sind auch die schmerzvollen Erlebnisse in uns abgelegt. Es sind solche, die wir lieber verdrängen und im Dunkeln lassen. Das ist mehr als verständlich, weil es wehtut oder erschreckend ist hinzusehen. Diese Erinnerungen eignen sich eindeutig nicht, um sie als Kraftquellen zu nutzen, wie es bei den guten Erinnerungen der Fall ist. Sie sind solche, die Scham in uns auslösen, Verlorenheit, Selbsthass, Wut, Verzweiflung, Trauer – die Liste ist unendlich, die unsere Seelenzustände beschreibt, je nachdem was wir erlebt haben. Allerdings habe ich auch erkannt, wie wichtig es ist, anzunehmen, dass diese Erfahrungen und die damit verbundenen Emotionen ein Teil von einem sind. Und wie sehr es hilft hinzusehen, um sie zu verarbeiten, anstatt sie zu verdrängen.

Erlittene Schicksalsschläge und emotionale Verletzungen sind nicht in Schweregrade zu unterteilen. Mein Erlebnis mag ein Extremfall sein, aber auch andere haben furchtbares Leid erlitten und ihre Kindheit verloren. Ich bin leider kein Einzelfall. So viele Dinge spielen sich im Verborgenen ab, selbst hinter den Fassaden der besten Familien, und in diesem kleinen, von außen ganz unbeobachteten Zwischenraum menschlicher Beziehung, der gerade wenn wir Kinder sind, so sensibel ist.

Für uns alle gilt: Wer sich negativen Emotionen stellen möchte, braucht Mut. Erinnerungen kommen hoch, schmerzlich wird einem bewusst, wie verlassen und traurig man vielleicht war. Oft hat man Angst, alles in Gedanken noch einmal durchleben zu müssen und danach gar verzweifelter zu sein als vorher, als man sich noch hinter seinem schützenden Panzer verschanzt hatte. Es erscheint einem womöglich leichter, an Gewohntem festzuhalten, als etwas zu verändern.

Und eines ist sicher: Es gibt keinen endgültigen Trost. Auch wenn man einen Teil bereits erfolgreich verarbeitet hat, ist es doch so, dass jeder Schmerz, den wir erfahren haben, sich tief in unser Gedächtnis eingebrannt hat. Und es ist nicht möglich, jeden erlittenen Schaden vollständig wiedergutzumachen, Menschen oder Gegenstände zu ersetzen. Man kann den Schmerz nicht mit einer Flamme ausbrennen oder Verluste mit Gold aufwiegen. Nichts davon ist möglich – aber das ist nicht die Endstation. Man kann wieder zu sich kommen. An all den Verletzungen arbeiten, sich von der Scham befreien, für sich Perspektiven finden. In dem Wissen, dass man nur diese eine Lebenszeit hat, die noch vor einem liegt.

Ich bin der Überzeugung, dass jeder Mensch ein gewisses Maß an Belastungen, geistiger wie körperlicher Natur, verträgt. Wichtig ist es nur, geduldig und rücksichtsvoll mit sich selbst zu kommunizieren. Man muss sich Zeit geben, um eine Fähigkeit zur ehrlichen Innenschau zu entwickeln. Dann hat man eine Chance, seelische Wunden zu heilen und das Erlittene zu verarbeiten. Das ist nicht leicht, doch mit der Zeit lernt man viel über sich selbst, und alles wird einfacher. Auch deshalb, weil man bereits einen gewissen Heilungsprozess durchschritten hat und so immer stärker belastbar wird.

Fazit

»Der Weg ist das Ziel«, so sagt man. Und es stimmt: Wenn man weitergeht und sich nicht in die Ecke drängen lässt, wird es irgendwo einen Ausweg geben. Auch in Stunden tiefer Verzweiflung darf man darauf vertrauen. Irgendwann bietet sich immer die Möglichkeit, weitere Entscheidungen für sich zu treffen, deshalb ist es nicht nötig, die Hoffnung aufzugeben.

Die Kraft, Hilfe anzunehmen

Wenn man den Weg der Heilung und Verarbeitung seiner Vergangenheit gehen möchte, sollte man in Erwägung ziehen, sich von geschulten Therapeuten begleiten zu lassen. Denn auch wenn man einen stabilen Freundeskreis um sich hat, wo man gute Zuhörer zu haben scheint, haben sie nicht zwingend die Kapazitäten, um mit den Traumen der anderen umgehen zu können. In der Therapie ist es möglich, ohne das Risiko, jemanden zu überfordern, frei über seine Probleme zu reden und gemeinsam an Lösungen zu arbeiten. Gerade sensible Informationen will man verständlicherweise nicht so einfach mit jedem teilen.

Ich hatte Glück, Therapieformen zu finden, die passend und gut für mich waren. Ich weiß aber auch, wie schwierig es sein kann, an die richtigen Stellen zu kommen, wenn man in eine unüberschaubare Landschaft von Therapieangeboten katapultiert wird. Dabei ist die Psychotherapie möglicherweise eine notwendige Behandlung, um wieder gesund zu werden, wenn äußere Umstände, Erlebnisse und Ereignisse einen krank gemacht haben. Wie schwierig und teuer es auch immer sein mag, eine passende und bezahlbare Therapie zu finden, kann sie auf Dauer wirklich etwas verändern. Es ist nicht verwerflich, sich um sich zu kümmern, und hat nichts mit Egoismus zu tun, das sollte man sich ja nicht einreden lassen. Schon allein, weil man sich nur wenn es einem selbst gut geht, auch um andere kümmern kann.

Sich nicht davon abhalten zu lassen, das Richtige für sich zu tun, erfordert Mut. Es braucht viel Kraft und Anstrengung, um ehrlich und konsequent an sich zu arbeiten. Vor allem wenn man viel Ballast zu tragen hat und einem noch ständig neuer aufgebürdet wird, wie es bei mir der Fall war. Aber selbst wenn alle Umstände stimmen würden und bester Ordnung zu sein scheinen, kann einem sowieso niemand den Schmerz und das Leid abnehmen, die mit den Verletzungen aus der Vergangenheit zu tun haben. In der Psychotherapie wird einem aber zumindest ein neutraler Raum geboten, in dem Heilung möglich gemacht werden kann. Man sollte sich Zeit nehmen, das Richtige für sich zu wählen, in sich hineinspüren, was einem im Moment guttut.

Es gibt außerdem viele Angebote, die man selbst erlernen und praktizieren kann, zum Beispiel mit der Anleitung von Büchern, durch Podcasts, Videos oder Ähnlichem. Ob man sich Begleitung holt oder (noch) nicht, bleibt einem letztlich selbst überlassen. Ebenso wie die Tatsache, wo man ansetzen möchte – ob man zuerst über den Körper, dann über den Verstand und danach über die Emotionen geht oder andersherum, sich überhaupt darin abwechseln möchte. Sich selbst zu respektieren, ernst zu nehmen und nicht zu überfordern, ist hierbei von enormer Wichtigkeit und hat sehr viel mit Selbstliebe und Selbstfürsorge zu tun.

Fazit

Es braucht viel Vertrauen zu seinen Therapeuten und auch zu den gewählten Therapieformen. Ebenso wie eine gewisse Routine, in der man lernt, diesen angebotenen Raum auch auszufüllen. Aber mit therapeutischer Begleitung bewusst am eigenen Heilungsprozess zu arbeiten, kann sehr hilfreich sein. Zu wissen, dass man mit den Auswirkungen seines Traumas nicht allein sein muss. Gemeinsam fällt es oft leichter, Abstand zu gewinnen. Das Vertrauen, dass Heilung möglich ist, kommt dann in kleinen Schritten. Man bringt sich selbst in eine Lage, Altes loszulassen, den Ballast einfach abzuwerfen. Man hat die Hände wieder frei und den Rücken aufrecht, um seine Lebensträume zu verwirklichen oder einfach nur seinen Beruf auszuüben, zur Schule zu gehen und seine täglichen Pflichten zu erfüllen.

Die Kraft von Strukturen und Ritualen

Um in Bewegung zu bleiben, ist es hilfreich, seinem Tag eine Struktur zu geben und sich kleine Alltagsrituale zu schaffen. Ich gehe zum Beispiel jeden Morgen erst mal in die Küche, werfe den Wasserkocher an, gieße mir grünen Tee auf, warte kurz, bis er gezogen hat, und nehme ihn dann mit zu meinem Computer, um mich an die Arbeit zu setzen. Oft lese ich Dinge, die mich auf gesellschaftlicher oder wissenschaftlicher Ebene interessieren, und dann gehe ich's an, diese Sachen nachzurecherchieren und mir Notizen zu machen. Am späten Vormittag habe ich feste Zeiten, zu denen ich in den Stall zu meinen Pferden fahre, sie versorge und reite. Nur wenn ein Arzt- oder Arbeitstermin dazwischenkommt, verschiebe ich diese Aktivität. Gerade weil ich ein Mensch bin, der so stark im Kopf ist, brauche ich solche Strukturen von außen. Ich muss mir gewisse Rituale in Form von Abläufen gönnen, um gedanklich nicht einfach abzudriften, sondern mich mit neuem Optimismus und Tatendrang in den Tag zu begeben.

Was zum Beispiel hilfreich sein kann, wenn es einem nicht gut geht, ist, trotzdem die eine oder andere Verpflichtung in Form eines Versprechens oder einer Verabredung wahrzunehmen. Man muss sich aus dieser negativen Situation herausretten, eben oft auch räumlich. Wenn Freunde zum Essen einladen, sollte man hingehen, auch wenn man sich gar nicht danach fühlt. Wenn ein Termin ansteht, sollte man ihn wahrnehmen, auch wenn man das Gefühl hat, dass es einen im Moment an die aktuelle Belastungsgrenze führt. Es ist wichtig, sich zu vergegenwärtigen, dass niemand von einem verlangt, überschwänglich glücklich zu sein. An solch einem Tag muss man niemandem um den Hals fallen – man muss sich aber auch nicht geißeln und an einer Situation festhalten, die einem so sehr schadet. Oft, wenn man so mit sich selbst beschäftigt ist, empfindet man seine Probleme als gewaltig und überfordernd. Geht man aber aus seiner Situation und sich heraus, dann relativieren sich die eigenen Emotionen und Sorgen manchmal ein wenig – auch weil man sieht, dass andere ebenso ihr Päckchen zu tragen haben.

Dabei die Balance zu halten, kann oft der Schlüssel sein. Dass man sich nicht auferlegt, entsprechen zu müssen und ein Gesicht zu zeigen, das die Gesellschaft sehen will. Es geht vielmehr darum, die Belastungen zur Seite zu schieben, damit man handeln kann. Die Schwierigkeit ist die, zwischen »funktionieren« und »handlungsfähig bleiben« zu unterscheiden. Funktionieren heißt, es sich abzuverlangen, so aufzutreten, wie es von außen erwartet wird. Handlungsfähig bleiben bedeutet, sich da, wo es notwendig ist, und ohne sich selbst zu übergehen, seine Spielräume offenzuhalten. Man sollte in solchen Momenten die eine oder andere Möglichkeit ergreifen, um sich aus einer Situation herauszubewegen – ohne sich dabei zu überfordern oder zu sehr in die Kritik mit sich selbst zu gehen.

Manchmal kann es aber auch einfach nur gut sein, nichts zu tun und nichts zu denken, denn das fördert den Heilungsprozess enorm. Das Gehirn kann nur ausgeruht seinen Dienst tun. In welchem Ausmaß wir jeweils Ruhe und Entspanntheit benötigen, ist ganz individuell und muss jeder für sich wissen. Wichtig ist es dabei, sich Pausen zu gönnen.

Fazit

Nicht in seiner Verzweiflung zu verharren, sondern einen Weg hinaus zu suchen – darum geht es! Keiner ist gezwungen, sein Leid unendlich zu ertragen, auch nicht, unter seinen Ängsten und Befürchtungen immer weiter leiden zu müssen. Man sollte sich solchen Gedanken, die einen nur einschränken und fesseln, nicht ausliefern. Das, was einem im Leben passiert ist, wird einen nie vollends loslassen, doch liegt es in der eigenen Macht, wie viel Gewicht man den Ereignissen aus der Vergangenheit beimessen möchte und wie sehr man seinen Alltag davon bestimmen lässt.

ABSCHLIESSENDE GEDANKEN ZUR VERGANGENHEIT

Wie auch immer wir Vergangenheit betrachten, welche Ereignisse und Erlebnisse wir jeweils in den Blick nehmen, sie ist und bleibt ein Teil von uns. Es hilft, sie in allem Guten und Stärkenden, wie auch allem Schlimmen und Traumatisierenden anzunehmen. Dafür braucht es manchmal eine intensive Auseinandersetzung mit ihr. Das bedeutet jedoch nicht, sich von seiner Vergangenheit gefangen nehmen zu lassen. Im Gegenteil, es ist eine Form, sie sich anzueignen und an ihr und aus ihr heraus zu wachsen.

Ob wir es anerkennen oder nicht: Das, was schon war, bestimmt unsere Gegenwart und unsere Zukunft mit. Wir sind, wer wir sind, aufgrund dessen, was wir erlebt haben. Und was unsere Ausrichtungen für morgen ausmacht, hat eben meist auch mit dem zu tun, was sich in unserer Vergangenheit abgespielt hat.

Menschen, die Schlimmes erleben mussten, verfügen über eine gewisse Resilienz, die es ihnen ermöglicht, Schicksalsschläge schneller zu überwinden. Das ist meine persönliche Erfahrung: Es kann ab einem gewissen Punkt nur noch besser werden. Der Spruch »Schlimmer kommt's immer« stimmt nicht. Ich würde eher sagen: »Schlimmer kommt's nimmer.« Jeder macht seine Erfahrungen und kann daran wachsen. Ich kann nur Mut machen, genau hinzuschauen, in eine liebevolle und geduldige Auseinandersetzung mit sich selbst zu gehen und keine Angst davor zu haben, ehrlich zu sich zu sein. Es ist anstrengend, es ist mühsam, es ist kein leichter Weg und schon gar kein Spaziergang, aber es lohnt sich. Aus unserer Vergangenheit heraus gesprochen, haben wir nichts mehr zu verlieren, sondern nur noch zu gewinnen. Wenn wir zum Beispiel verstehen lernen, dass uns das Erlebte ein guter Berater sein kann, wie in Zukunft Dinge laufen sollen und wie nicht. Oder welche Erlebnisse wir noch einmal erfahren möchten und welche wir lieber vermeiden wollen. Dass uns unsere Erfahrungen, auch wenn sie bitter waren, gestärkt haben und unser Mut belohnt wurde. Uns kann so schnell nichts mehr umhauen, wenn wir das geschafft haben. Wir können guten Gewissens anerkennen, dass wir bereits Großartiges geleistet haben bis hierhin – auch das ist eine wichtige und stärkende Einsicht.

Wir kennen diesen Satz in Bezug auf unsere Gegenwart und Zukunft, aber er gilt auch hier: Unsere Vergangenheit ist letztlich das für uns, was wir daraus machen!

Gegenwart

WIDERSTAND LEISTEN

Als ich in Gefangenschaft geriet und von da an meine gesamte Jugend in einem Verlies unter der Erde verbringen musste, war ich dauerhaft der Kontrolle meines Entführers unterstellt. Die Selbstständigkeit, die ich als Kind bis dahin entwickelt hatte, wurde in ihrer Weiterentwicklung jäh unterbrochen. Die Ablösung von meinen Eltern und meinem engsten Umfeld war radikal und dauerhaft, was ich erst nach und nach begriff. Die einzige Bezugsperson, die ich hatte, war mein Entführer. Und ich war stets seiner Launenhaftigkeit und Unberechenbarkeit ausgesetzt. Sein Plan war es, mich zu einer Frau zu formen, die in sein Leben passte, ihm zur Verfügung stand und sich unterordnete.

Am Anfang versuchte er auf unsichere Weise, zu sozialer Nähe eigentlich unfähig, meine Bedürfnisse als Kind zu stillen, soweit er sie verstehen und einordnen konnte. Ich suchte in meiner Not Kontakt, Gesellschaft und sogar Berührung mit ihm. Ich hatte Angst, wenn er mich im Verlies zurückließ, und bat ihn deshalb zu bleiben, um mit mir Brettspiele zu spielen, die er besorgt hatte, oder mir etwas vorzulesen. Natürlicherweise hatte ich mit meinen zehn Jahren auch ein Bedürfnis nach körperlicher Nähe und bat ihn, mir einen Gute-Nacht-Kuss auf die Stirn zu geben und mich in den Arm zu nehmen, wie es meine Mutter tat. Er war davon zwar heillos überfordert, aber versuchte es trotzdem. Auf der anderen Seite gehörte zu seiner kranken Idee, mich zu formen, mich stundenlang allein zu lassen. Übers Wochenende, wenn seine Mutter kam, sogar tagelang. Mir das Licht an- und auszudrehen, wie er es wollte. Essen als Druckmittel zu nutzen, indem er meinen Gehorsam mit Süßigkeiten belohnte oder mich entsprechend hungern ließ. Mir Ablenkung wie Radio, Bücher, Videos und Computerspiele zu entziehen oder zuzuteilen, wie es ihm gefiel. Irgendwann installierte er sogar eine Gegensprechanlage, um zur Schikane, wann immer er wollte, Befehle zu erteilen und Fragen zu stellen. Er forderte zur Kontrolle jederzeit eine Reaktion von mir. Damit war er dauerpräsent, ohne dafür metertief hinunter, durch drei Türen, in mein Verlies steigen zu müssen. Er spielte Gott. Meinen Gott. Das ging sogar so weit, dass er mich nicht nur zwang, meinen Namen zu ändern, sondern mich irgendwann aufforderte, ihn meinen »Gebieter« zu nennen und vor ihm niederzuknien.

Aber diese Rechnung hatte er ohne mich gemacht. Ich weigerte mich strikt, das zu tun. Trotz der Wutausbrüche und Schläge, die mir drohten, wenn ich seinem Befehl nicht nachkam, habe ich niemals vor ihm gekniet oder ihn meinen Gebieter genannt. Ich musste für ihn putzen, kochen, backen und bei Umbauten und Renovierungen Schwerstarbeit leisten. All das tat ich meistens ohne Widerstand. Aber diese Rollen, die er sich und mir zuteilte, anzunehmen und damit auch, was er mir immer wieder versuchte weiszumachen, nämlich dass ich nichts wert sei, das verweigerte ich radikal. Ich war nicht bereit, meinen letzten Selbstwert aufzugeben. Und so sehr er es auch durch seine Kontrolle und Manipulation über die Jahre geschafft hatte, ein Gefängnis in mir zu errichten, indem er mich von der Welt abschnitt, sodass sie mir bedrohlich und unbegehbar vorkam, konnte er in mir das Wissen um meinen Wert nicht ganz abtöten. Ich gab nie auf, ihm die Wahrheit vor Augen zu führen, welchen Verbrechens er sich schuldig machte durch meine Entführung und Gefangenschaft. Als ich älter wurde und zur jungen Frau heranwuchs, begannen die Misshandlungen. Er schlug mich grün und blau und ließ mich mit meinen Verletzungen einfach im Verlies zurück. Ich hätte einige Male sogar sterben können, und er hätte es in Kauf genommen. Es kostete mich unendlich viel Kraft, ihn und mich daran zu erinnern, dass er kein Recht hatte, mich so zu behandeln. Ich begann irgendwann, mir Aufzeichnungen davon zu machen. Akribisch schrieb ich auf, wie viele Schläge und Tritte er mir wie und wo zugefügt hatte. Mein Gedächtnis versuchte es zu löschen, nahm jede noch so kleine Gelegenheit und Geste, um seine Brutalität mit etwas Positivem zu überlagern. Ich musste mich auf diese Weise gegen den gewaltigen Sog meines Traumas stemmen, um nicht zu vergessen, dass ich es nicht verdient hatte, so behandelt zu werden. Und um nicht zu vergessen, dass er nicht nur mein Bestes wollte, wie er versuchte, es mir einzubläuen.

Mein einziger Handlungsspielraum in dieser Situation der totalen Unterdrückung und Abhängigkeit war, ihm nicht die Rolle zukommen zu lassen, die er einforderte. Es war mehr ein symbolischer Kampf, denn auf allen realen Ebenen war ich ihm vollkommen unterlegen. Aber ich spürte selbst als Kind, dass es ein Kampf war, der es wert war, gekämpft zu werden, und den ich gewinnen konnte und musste. Ich konnte dadurch zumindest für mich das Gefühl aufrechterhalten, dass ich Handlungsspielraum hätte, und mir so meine Selbstachtung bewahren. Dadurch beraubte ich ihn ein Stück seiner Macht und lernte bald, dass man innere Grenzen setzen kann. Selbst wenn es nicht möglich ist, sich gegen Gewalt und Machtmissbrauch zu verteidigen, geschweige denn sich effektiv dagegen zu schützen. Das ist die Macht des Opfers. Denn würde in den vermeintlich Schwächeren keine Stärke stecken, so würden Täter nicht alles in ihrer Macht Stehende tun, um ihre Opfer zu schwächen, zu demütigen und sie bloßzustellen.

Ich lernte diese Art der Selbstwirksamkeit, die etwas mit Selbstermächtigung zu tun hat, schon früh. Und ich lernte sie auf sehr grausame, aber nachhaltige Weise, die immer wieder auf die Probe gestellt wurde. Als ich nach meiner Selbstbefreiung einer, so würde ich heute sagen, ähnlichen Situation nur in anderem Gewand gegenüberstand, kam es mir zugute. Die langersehnte Freiheit nämlich entpuppte sich innerhalb kürzester Zeit ebenso als Gefangenschaft. Ich konnte mich anfangs nicht frei bewegen, weil ständig die Presse hinter mir her war. Als sie dann angefangen hatte, ihren Dienst zu tun, konnte ich mich in der Öffentlichkeit gar nicht mehr unbehelligt bewegen. Die Außenwelt begegnete mir erst einmal in ihrer ganzen Härte: wahlweise mit kompletter Vereinnahmung oder gar mit Ablehnung.

Ich aber, die schon so viel an Demütigung erlebt hatte, war nicht vorbereitet auf die Anfeindungen, die mich in meiner Freiheit erwarteten. Der Hass und die Diskriminierung, die mir im Netz und auch auf offener Straße entgegenschlugen, übertrafen alles Erwartbare. Erwartet hatte ich sowieso etwas anderes, nämlich dass man sich freuen würde – weil ich am Leben war und diesen ganzen Wahnsinn aus eigener Kraft überstanden hatte. Stattdessen platzte meine Illusion von der schönen Welt da draußen, an der ich auch endlich teilhaben durfte, schneller, als ich schauen konnte.

Es wurde mir wahrlich nicht leicht gemacht. Man nahm keine Rücksicht auf mein erlebtes Trauma, man belagerte mich. Ständig musste ich Rede und Antwort stehen und mich gegen irgendwelche Anschuldigungen verteidigen. Die Rollen wurden vollkommen vertauscht – weil der Täter nicht mehr greifbar war, wurde ich, das Opfer, kurzerhand zur Täterin gemacht. Anders schienen die Menschen das Spannungsfeld, das meine Geschichte herstellte, nicht auszuhalten.

Auch wenn es wahrscheinlich einfacher gewesen wäre, meine Identität aufzugeben und als »Frau Meyer aus Linz« weiter durchs Leben zu gehen, kam das nach all dem, was ich bereits durchgemacht hatte, nicht infrage für mich. Ich wusste, dass ich lernen musste, damit zu leben, wie man mich in der Öffentlichkeit sah, und dass ich dem etwas entgegenzusetzen hatte. Indem *ich* meine Geschichte erzählte und mich zu den falschen Theorien äußerte. Indem ich nicht all den anderen, die sich an ihr profilieren wollten, das Feld überließ. Es war meine Geschichte, niemand außer mir durfte sie sich aneignen. Ich verstand schnell, dass es auch in dieser vermeintlich freien Welt meist nur um Macht geht, darum, andere zu unterdrücken, um sich selbst damit zu erhöhen. Es war das gleiche Prinzip, dem diese Anfeindungen und die Hetze zugrunde lagen, das ich in Gefangenschaft unter meinem Entführer erfahren hatte. Was ich in Freiheit erleben musste, nahm mich furchtbar mit und erschwerte meinen Heilungsprozess enorm. Man gönnte mir keine Ruhe. Manchmal fühlte es sich an, als würde ich einen Schritt vorwärtsgehen und um zwei zurückgeworfen werden. Aber ich hatte schon in der Gefangenschaft Kraft und Widerstandsfähigkeit bewiesen – ich würde auch das überleben. Das wusste ich. Irgendwo in mir war der Glaube erhalten geblieben, mir das nicht gefallen lassen zu dürfen. Dass ich nicht zulassen durfte, dass man mich so demütigte. Dass niemand das Recht hatte zu glauben, er oder sie wisse besser über mich Bescheid als ich.

Ich bin zutiefst davon überzeugt, dass niemand auf der Welt ist, um für andere als seelischer Mülleimer oder Punchingball herzuhalten. Ich war deshalb nicht bereit, diese Rolle auf Dauer zu spielen. Deswegen schreibe ich meine Bücher, und deswegen gebe ich Interviews. Um unter Beweis zu stellen, dass ich mir meine Selbstermächtigung, die ich mir durch meine Selbstbefreiung erobert habe, nicht nehmen lasse. Und um anderen, die Ähnliches wie ich erleben müssen, Mut zu machen.

Die Kraft der Selbstermächtigung

Bis zu einem gewissen Maß ist jeder von uns verantwortlich für seine Handlungen. Ich war jahrelang in der Gewalt eines drakonischen Menschen und weiß deswegen sehr gut, wie schwierig es ist, seine eigene Integrität und sein Recht vor so jemandem zu schützen. Mein Recht war es nämlich, wie das eines jeden Menschen, in Freiheit und in Würde zu leben, ohne Ausübung von Gewalt, ohne Unterdrückung und ohne Demütigung. Das Einzige, was ich für mich in seiner Gewalt tun konnte, war, mich zumindest vor der Entwürdigung zu schützen, wenn er versuchte, mir durch all seine Manipulation und die ganzen Schläge meinen Selbstwert zu rauben.

Um daran festzuhalten, dass ich das nicht verdiente, dass ich nicht so wertlos und ungeliebt war, wie er mir einreden wollte, musste ich bereits auf eine tiefe Gewissheit zurückgreifen. Auf ein Wissen um Schuld und Verantwortung, auch wenn es in den meisten Fällen, als ich es ihm vorhielt, an ihm abprallte. Trotzdem tat ich es, denn jedes Mal erinnerte es *mich* an mein Recht und meine Würde. Es half mir, Respekt vor mir selbst zu bewahren, weil ich mir damit mit jedem ausgesprochenen Wort selbst vorsagte, dass er mich nicht brechen könnte. Auch wenn ich mich in Wirklichkeit innerlich gar nicht mehr zum Widerstand fähig fühlte, sprach ich es aus, weil die Worte in mir widerhallten und meine verletzte Seele aufweckten.

Es waren, wie gesagt, die schönen und liebevollen Erinnerungen an meine Zeit vor der Gefangenschaft, die mich stärkten. Und es waren die Vorbilder, die ich schon früh gewählt hatte, deren Menschenbild ich tief in mir verankert hatte. Genauso wie ihre Widerstandskraft, allen Widrigkeiten zum Trotz zu handeln. Dieses Verantwortungsgefühl, sich für seine Werte einzusetzen, hat mich beeindruckt und geprägt. Die Verantwortung, für meine Werte einzustehen, hieß in meinem Fall, mich ja nicht brechen zu lassen, weil es das war, was der Täter unbedingt wollte. Dadurch bewahrte ich mir also ein klein wenig Handlungsspielraum – das verschaffte mir Macht über mich selbst und entzog sie ihm.

Ich habe an Leib und Seele erfahren müssen, wie wichtig es ist, für sich einzustehen und Verantwortung zu übernehmen, egal was einem entgegengehalten wird und wie stark die Beschneidung und Unterdrückung von außen sein mögen. Andere Menschen können einem zeitweise die physische oder psychische Selbstbestimmtheit mit allen möglichen Mitteln rauben und uns über unfaire Methoden kleinmachen. Dennoch hat jeder das Recht, sich seine Macht zurückzuholen, an jedem noch so verfahrenen und ausweglosen Punkt im Leben. Vieles ist möglich, was andere für unmöglich halten. Das zu wissen und die Erfahrungen der Selbsterkenntnis im Rücken zu haben, eröffnet einen vollkommen neuen Zugang zur eigenen Macht und Stärke. Dafür darf ich als Beispiel stehen mit meiner Geschichte, die selbst nach der Gefangenschaft noch immer nicht zu Ende ist.

Ich erfuhr nach meiner Selbstbefreiung auf brutale Art, was Jugendliche sonst in einem behutsamen Loslösungsprozess von ihren Eltern und Erziehern lernen: dass zur Selbstermächtigung gehört, sich nicht von seinem inneren Kompass abbringen zu lassen, durch die mehr oder weniger gut gemeinten Meinungen und Ratschläge anderer. Auf die Fragen, was man kann und was man im Leben möchte, ist man allein sich selbst eine ehrliche Antwort im eigenen Entwicklungsprozess schuldig. Und wenn einem Neid und Hass entgegenschlagen, hat es immer etwas mit dem Versuch anderer zu tun, Macht über einen auszuüben. Wenn man sich entwickeln und wachsen will, muss man sich davon frei machen und seinen Selbstwert erkennen. Man ist niemandem mehr verpflichtet als sich selbst, nur so übernimmt man Verantwortung für sein Leben. Diese Einsichten habe ich vor allem nach der Gefangenschaft für mich gewonnen, als der Druck, der von außen auf mich ausgeübt wurde, so groß und dauerhaft wurde, dass er mich fast zerstörte.

Erst einmal wussten alle besser als ich, was gut für mich war, ohne aber wirklich für mich da zu sein und den Mut zu haben, genauer wissen zu wollen, was in mir vorging. In der Öffentlichkeit wurde ich gleichzeitig in Einzelteile zerlegt, um mich dann vollkommen falsch wieder zusammenzusetzen und das Bild, das sie von mir geschaffen hatten, zu verabscheuen.

Ich überwand letzten Endes aber all das und sagte zu mir selbst: »Jetzt erst recht!«

Fazit

Es ist eine wichtige Einsicht, dass es jedem zusteht, ein freies Leben zu führen und menschlich behandelt und respektiert zu werden. Viele, die Opfer von Unterdrückung, Gewalt und Missbrauch sind, haben den Glauben daran verloren, dass das auch für sie gilt. Anderen mag das zustehen, aber ihnen nicht; man muss das Gefühl haben, es verdient zu haben, sonst wird man die Hindernisse, die vor einem liegen, nicht überwinden.

Nur aus der tiefen Überzeugung heraus, dass man selbst es wert ist, kann man den nötigen Widerstand in sich wecken, den es braucht, um seine Selbstbestimmtheit zurückzufordern. Es bedarf durchaus eines gewissen Kampfgeists, um für sich einzustehen. Das bedeutet auch, Grenzen zu ziehen und vielleicht ganz konkret Menschen, die einem nicht guttun, nicht mehr so nahe an sich heranzulassen. Je unsicherer wir sind, desto mehr tun wir das nämlich.

Je nachdem bleibt der äußere Handlungsspielraum manchmal erschreckend klein. In unserem Innern aber ist die Anzahl der Räume unendlich. Wie viel wir davon nach außen verlagern können, um von anderen als die Person gesehen zu werden, die wir sind, und mit Respekt behandelt zu werden, hat damit zu tun, wie viel wir uns selbst zutrauen. Der Versuch, über die äußerlich gegebenen Umstände hinauszuwachsen, ist die höchste Form von Eigenverantwortung!

DER WILLE ZUM LEBEN

Anhand meines Lebens lassen sich sehr viele Punkte festmachen, an denen ich vor scheinbar unüberwindbaren Einschränkungen stand. Es gelang mir jedoch jedes Mal aufs Neue, über mich selbst hinauszuwachsen und diese Hindernisse aus meinem Leben zu verbannen. Ganz gleich, ob es äußere Umstände, Menschen oder mein eigenes Gefühl der Unzulänglichkeit waren. Mein Leben hat mir immer wieder abverlangt, Stärke zu beweisen.

Ich bin überzeugt, dass ich schon mit einem starken Charakter geboren wurde, der sich in meiner Kindheit sowohl durch gute wie auch durch widrige Umstände weiterentwickelt hat. Jedenfalls hat man mir bereits im Kindergarten und in der Volksschule Stärke attestiert, die man dann gerne als Sturheit oder Eigenwille bezeichnete.

In Gefangenschaft waren es sicherlich diese früh ausgeprägte Stärke und, wie ich schon erzählt habe, die von meiner Mutter anerzogene Härte, die mir halfen, das durchzustehen, was ich erleben musste. Der Entführer hatte mit großer Sicherheit deswegen ein Kind für seine Tat gewählt, weil er davon ausging, dass es leichter zu brechen und nach seinen Vorstellungen zu formen wäre. Grundsätzlich war das auch richtig, weil er durch meine kindliche Bedürftigkeit eine noch größere Abhängigkeit mit seinen Unterdrückungsmechanismen geschaffen hat, als es ihm wahrscheinlich bei einem Erwachsenen gelungen wäre. Trotzdem habe ich ihm sehr viel mehr Widerstand entgegengesetzt, als er jemals erwartet hatte.

Was mir enorm half, war, mir Sätze zu notieren, die mir Mut machten und die mich an das erinnern sollten, worum es im Leben geht, selbst in meinem beschränkten. Die folgenden habe ich schon ziemlich zu Anfang meiner Gefangenschaft auf die Rückseite eines Wandkalenders geschrieben: »*Glaube an dich, du bist es wert!*« Oder: »*Sei stark! Halte durch, du wirst es schaffen!*« Und: »*Was dich nicht umbringt, macht dich stärker. Du steckst alles weg, wenn es sein muss.*« Daneben auch solche wie: »*Nur Mut. Es gibt immer Hoffnung. Gib nie auf!*«

Später dann, als ich schon viele Jahre lang eingesperrt war, schrieb ich neben den Notizen der mir widerfahrenen Misshandlungen noch andere auf, die mich vor allem an meinen Selbstwert erinnerten. Es war in der Zeit, als mein Peiniger bereits angefangen hatte, »Ausflüge« mit mir zu realisieren, um die Illusion von einem »normalen« Leben, mit mir als der Frau an seiner Seite, zu verwirklichen. Das machte ihn furchtbar nervös. Seine Ausbrüche, die sich in verbalen und körperlichen Grausamkeiten äußerten, häuften sich und wurden zunehmend unkontrollierter. Dabei war ich ängstlich und gefügig, wenn wir unter Menschen waren, und blieb stumm, statt mir Hilfe zu holen. Er hatte mich zu dieser Zeit schon so weit gebracht, dass die inneren Mauern höher und massiver waren als die äußeren.

Trotzdem – die Sätze, die seinen Anschuldigungen widersprachen, wie »*Nichts darauf geben, wenn er sagt, du bist zu blöd für alles!*« oder »*Nichts darauf geben, wenn er sagt, du kannst ohne ihn nicht leben!*«, haben schließlich doch ihre Wirkung gezeigt. Ich habe es geschafft zu fliehen und bin der Gefangenschaft entkommen – mit achtzehn Jahren, wie ich es mir selbst fest versprochen hatte.

Um diesen Kampfgeist in mir nicht ganz sterben zu lassen, hatte ich ihn sozusagen meinem *starken Ich* übertragen, das, egal was ich ertragen musste, auf mich wartete und derweil unversehrt blieb. Manchmal sah ich dann, wenn die Drangsalierungen und entsprechend die Verzweiflung besonders schlimm waren, lange genug in den dreiteiligen Spiegel über dem Waschbecken in meinem Verlies und stellte mir vor, dass mein *starkes Ich* mich sehen könnte und ich mein Gesicht in seinem. Dann wusste ich wieder, dass ich noch lebe, dass es mich noch gab und ich die Kraft finden würde, mir selbst zu helfen. Und das tat ich letztlich auch …

Diese Kraft und innere Stärke legte ich natürlich nicht ab, als ich nach der Gefangenschaft und meiner Selbstbefreiung mit neuen Formen der Fremdbestimmung und Anfeindung konfrontiert war. Ich verspürte damals den Wunsch in mir, die Anregungen anderer anzunehmen und ihren Vorstellungen zu entsprechen. Gleichzeitig wusste ich, dass ich das aufgrund meiner Durchsetzungskraft und eigenen Vision nicht durchhalten würde. Es konnte kein Dauerzustand sein, weil es meinem Charakter und meinem steten Streben nach Unabhängigkeit zutiefst widersprach.

Posttraumatisch ist es selbstverständlich eine besonders große Überwindung, zu seinen Stärken zu stehen und sich den Raum zur eigenen Entwicklung zu geben. In meinem Innersten wusste ich aber ganz genau, dass in der Spirale aus Scham oder Schuld oder Hilflosigkeit, in die man mich ständig zu drängen versuchte, gewiss weder Lebensfreude noch Optimismus entstehen würden, um mir zu helfen weiterzumachen. Nach all dem, was ich erleben musste und mir, unter größten Anstrengungen komplett auf mich allein gestellt, erkämpft hatte und mir selbst half, wo niemand sonst mir geholfen hatte, schuldete ich es mir, einfach ich zu sein und meinen eigenen, bestmöglichen Weg zu finden. Ich war mir selbst verpflichtet, Glück und Zufriedenheit zu finden. Und daran hielt ich fest. Auch wenn es nicht das war, was Journalisten, die von ihnen gefütterte Öffentlichkeit und auch teils mir nahestehende Menschen von mir erwarteten.

Die Kraft der inneren Stärke

Ich bin davon überzeugt, dass jeder Mensch eine natürliche Stärke in sich trägt. Wir alle besitzen instinktiv den Willen zum Leben. Und dieser Wille ist eine riesengroße Kraft.

Wie gut sich diese Kraft entfalten kann, hat zum einen mit den äußeren Umständen zu tun. Wenn bei uns von klein auf alles wie geschmiert lief, werden wir keine Veranlassung gehabt haben, unsere Stärke zu trainieren. Und wenn die

Dinge von vornherein schon hoffnungslos schienen und wir nie Bestärkung erfahren haben, ist unsere Kraft womöglich auch verkümmert. Dazu fällt mir das Beispiel eines Muskels ein, der trainiert werden muss, um etwas zu leisten. Wenn wir ihn nie benutzen, weil wir es nicht müssen oder es aus welchen Gründen auch immer nicht tun, kann er nicht stark werden. Wie sehr wir ihn überhaupt stärken können, ist letztlich eine Frage der Veranlagung. So ähnlich verhält es sich mit dem Potenzial unserer Stärke: Sie ist veranlagt, muss aber auch trainiert werden. Wobei jeder Mensch ein gewisses Maß an Belastung aushalten kann. Dieser Wille zum Leben, mit dem man zu seiner inneren Stärke findet, steckt nämlich in uns allen.

Es kann auch ein Beweis von Stärke sein, sich helfen zu lassen. Je nachdem wie es uns ergangen ist und wie sehr wir vom Leben geschwächt wurden. Es zeigt jedenfalls, dass man diesen Lebenswillen noch hat, jedoch einfach nicht fähig ist, seine Kräfte zu mobilisieren. Es gibt zahlreiche Auslöser und Umstände, die uns krank machen. Man muss sich nicht dafür schämen, sich Hilfe von anderen zu holen, etwa von Ärzten oder Therapeuten. Jemand, der Hochleistungssport betreibt oder sich für eine andere herausfordernde Situation gut trainieren und wappnen muss, zögert auch nicht, sich Unterstützung zu holen. Warum sollten wir das also nicht tun, wenn das Leben Ähnliches von uns verlangt und es um unsere psychische Konstitution geht?

Ich selbst habe professionelle Hilfe und Unterstützung nach meiner Selbstbefreiung bekommen, und wenn zwar nicht alles, was vermeintlich gut gemeint war, wirklich hilfreich für mich war, so habe ich doch im Laufe der vielen Jahre tolle Therapieerfahrungen und dadurch Fortschritte in meiner Entwicklung machen dürfen. Auch im privaten Kreis habe ich Menschen um mich, deren Freundschaft und Fürsorge eine große Hilfe in meinem Leben darstellen. Denn was wäre das Leben, wenn wir bei aller Selbstfürsorge nicht auch füreinander da wären? Wer Schlimmes erlebt hat, sollte also nie den Glauben an das Gute im Menschen verlieren. Denn wo Opfer sind, gibt es vielleicht auch Retter in der Not.

Mir hat diese Einstellung geholfen, zurück zu mir zu finden und zu neuer Kraft zu kommen, wenngleich es ein langer Prozess war.

Es ist manchmal wichtig, sich einen Schutz zuzulegen und die Dinge an sich abprallen lassen zu können. Das ist es, was eine starke Persönlichkeit ausmacht. Denn keiner wird im Leben ohne Angriffe, welcher Art auch immer, auskommen. Ich selbst weiß mich mittlerweile gut vor äußeren Einflüssen zu schützen. Dafür habe ich mir in gewisser Weise einen unsichtbaren Tarnpanzer zugelegt, hinter den ich mich zurückziehen kann, wenn es nötig ist und meine inneren Grenzen überschritten werden. Trotzdem sehe ich Stärke nicht als verhärtende, zementierende Bewährung der eigenen Person, sondern als nährende, energiespendende Kraft, die uns zur freien Verfügung steht. Der Tarnpanzer ist flexibel und beweglich. Wir sollten ihn an- und ausziehen können, je nachdem in welcher Situation wir uns gerade befinden.

Fazit

Um sich an seine Stärken zu erinnern, hilft es, sich zu überlegen, was einen ausmacht beziehungsweise auszeichnet. Und was man damit erreichen oder verwirklichen will – so kann man es sich immer wieder vor Augen führen. Es ist hilfreich, sich bestärkende Sätze zu notieren und aufzuhängen, die man immer wieder aufsagt, wenn man merkt, dass man in einer Situation ist, die einen nach unten reißt. Das eigene Spiegelbild kann sehr überzeugend wirken, wenn wir es uns nur lange genug ansehen. Und ein Therapeut oder eine Therapeutin kann ein gutes begleitendes Gegenüber sein.

DIE REALITÄT AKZEPTIEREN

Als ich vom Täter gefangen genommen wurde, war einer der lebensrettenden Schlüsselmomente meiner Biografie sicherlich, dass ich am ersten Abend der Entführung aufhörte, mich zu wehren, und akzeptierte, was passiert war, anstatt verzweifelt gegen die neue Situation anzukämpfen. Ich spürte intuitiv, dass es zwecklos und gefährlich wäre, den Entführer weiter um Freiheit anzuflehen. Ich passte mich also an. Ich wusste zum Glück nicht, wie lange ich dort gefangen sein würde, sonst wäre meine Verzweiflung wohl grenzenlos gewesen. Es war ein kindlicher Schutzmechanismus, die Dinge anzunehmen, aus dem Bedürfnis heraus, ein Gefühl von Normalität herzustellen.

Es wirkt vielleicht erst einmal widersprüchlich, wenn im vorigen Kapitel steht, wie wichtig es ist, Widerstand zu leisten, sich selbst zu ermächtigen und nicht aufzugeben. Ein wichtiger Aspekt wirklicher Stärke ist allerdings auch, ein Maß zwischen Widerstand und Akzeptanz gegenüber der Realität zu finden. Nur so reibt einen der Widerstand nicht irgendwann bis zur Zerstörung auf.

Um die Kraft zu bewahren, die ich zum Durchhalten brauchte, musste ich mich ständig zwischen zwei scheinbar paradoxen Polen bewegen. Auf der einen Seite, die Situation anzunehmen und aus ihr heraus zu schöpfen, was es zum Überleben braucht. Dafür musste ich einen ungeheuren Pragmatismus an den Tag legen, über den ich heute selbst nur staunen kann, dass er mir in dem Maß zur Verfügung stand. Auf der anderen Seite war da die innere Forderung, in dieser Situation nicht verharren zu wollen und alle Ressourcen in mir anzuzapfen, um die notwendige Stärke zu gewinnen, die ich brauchte, damit ich mich befreien konnte – früher oder später.

Ein gutes Beispiel ist hier mein Verlies: Es war einerseits mein Gefängnis, metertief unter der Erde, abgeschottet von der Außenwelt, verschlossen mit Türen und Zwischentüren. Aber es war auch mein Rückzugsort und mein Zimmer. Nach und nach richtete ich mich ein, machte es zu *meinem* Raum und nutzte alles mir zur Verfügung Stehende, um ihn mir anzueignen. Voller Verweise nach draußen und Dingen, die mir niemand nehmen konnte, weil sie aus meinem Innersten kamen. Ich malte die Wände voll, hängte mir selbst gemalte Bilder auf, kritzelte Notizen an geheime Stellen, richtete mich mit den wenigen Habseligkeiten, die mir der Entführer zugestanden hatte, so wohnlich wie möglich ein und hielt immer alles sauber und ordentlich für mich.

Das Verlies war zwar der Ort und die Manifestation meines Unglücks. Indem ich es aber zu *meinem* Zimmer machte und mich buchstäblich in meinem Unglück einrichtete, konnte ich es auch irgendwann wieder verlassen und mir meine Freiheit zurückholen. Das Verlies hielt mich nicht für immer gefangen.

Die Kraft, aufrichtig mit sich selbst zu sein

———

Als erwachsener Mensch ist es sicherlich weitaus schwieriger, Dinge, die einem widerfahren, anzunehmen. Es löst schnell das Gefühl von Selbstaufgabe in einem aus. Eine gewisse Form der Anpassung wird uns aber immer wieder abverlangt werden. Und um in der Lage zu sein, das Leben mit seinen Höhen und Tiefen zu meistern, braucht es somit die richtige Haltung. Nämlich die, Herausforderungen, denen man sich gegenübergestellt sieht, anzunehmen. Das erfordert Selbstreflexion und emotionale Stärke.

Oft ist es ein großer innerer Kampf, das zu akzeptieren, was einem passiert ist – besonders wenn andere Menschen dafür verantwortlich sind. Man ist traurig und bedauert eventuell sogar, dass sich auch in Zukunft nichts daran ändern wird. Vielleicht hat man auch schon unzählige Male probiert, sich davon frei zu machen, ist gescheitert und immer wieder an demselben Punkt angelangt, wo es einfach nicht mehr weiterging. Das löst Frustration und Mutlosigkeit in einem aus. Um aus dieser Negativspirale herauszukommen, ist es wichtig, das Geschehene bedingungslos zu akzeptieren. Auch wenn es einem schwerfällt und nach vergeblicher Liebesmüh aussehen mag. Diese Akzeptanz bedeutet vor allem, dass das, was war und einem möglicherweise angetan wurde, unveränderlich ist und man bereit ist, den Tatsachen ins Auge zu sehen. Es heißt jedoch nicht, auch in Zukunft solches oder ähnliches Verhalten, das sich gegen einen selbst richtet, zuzulassen. Sondern zu akzeptieren, wer man letztendlich geworden ist, mit seinen Wunden und Narben, seinen Schwächen und Stärken.

Erziehung und gesellschaftliche Zwänge drängen uns dazu, glücklich und optimistisch zu sein, doch eine der Folgen davon kann sein, dass wir Verluste, Fehler und Traurigkeit oft nicht annehmen. Um sich selbst aus einer möglichst realistischen Wahrnehmung zu betrachten und zur Kenntnis zu nehmen, wie man eben ist, braucht es innere Reife und wiederum die Fähigkeit zur Selbstreflexion.

Viele Menschen gehen lieber den scheinbar einfacheren Weg der Verdrängung, suchen die sogenannte schnelle Lösung. Nicht wenige betäuben sich mit Alkohol und Drogen, um nur ja den verborgenen Schmerz nicht wahrzunehmen. Sie haben gelernt, alles, was wehtun könnte, zu vermeiden. Das ist jedoch kein Ausweg, es ist lediglich ein Umweg oder im schlimmsten Fall sogar eine Sackgasse. Denn ob man so jemals wieder zu sich finden wird, ist mehr als fraglich.

Wieder andere bringen sich an den Rand der Belastbarkeit, um ihren Schmerz zu verdrängen. Sie wollen beweisen, wie sehr sie ihr Leben im Griff haben. Nach außen hin wirken sie so, als wären sie erwachsen und eigenverantwortlich, doch dem liegt in Wirklichkeit eine große Angst vor der eigenen Hilflosigkeit zugrunde. Ich halte es für fatal, auf Dauer so zu tun, als wäre immer alles richtig und kontrollierbar, so als könnte man alles in sich wegsperren, damit es nicht ausbricht. Dadurch nämlich verliert man über kurz oder lang den Zugang zu sich selbst.

Eigenverantwortlich ist es, wenn man stattdessen in sich hineinhört und versucht herauszufinden, welche Bedürfnisse man hat. Dafür muss man sich selbst beobachten und verstehen lernen, warum man Dinge tut und wie man sie tut. Warum in manchen Situationen manche Mechanismen anspringen. Was will ich mit diesem Verhalten oder dieser Reaktion erreichen? Was versuche ich zu halten, wovor möchte ich mich schützen? Ich habe die Erfahrung gemacht, dass man mit den richtigen Fragen oft auch schon die Antworten hat, nach denen man sucht. Auf diesem Weg kann man einen guten Schritt vorankommen, sich selbst zu akzeptieren – genauso ist es mir ergangen.

Was hilft, ist, sich bewusst zu werden, dass auch andere Menschen ihre verschlungene Lebensgeschichte haben und wir bereit sind, diese zu akzeptieren. Warum sollte man also nicht auch sich selbst akzeptieren können? Auf dieser Basis, die eine von Grund auf ehrliche Auseinandersetzung mit der eigenen Person verlangt, war für mich eine wirkliche Veränderung möglich – ohne zu verdrängen oder meine Situation aus Angst krampfhaft kontrollieren zu wollen.

In meiner persönlichen Biografie geriet ich immer wieder in Situationen, in denen ich mein komplettes Leben überdenken musste. Das war nötig, schlicht überlebenswichtig. Darin ist meine Geschichte aber kein Sonderfall. Es kann immer plötzlich alles anders kommen: Man denke nur an Naturkatastrophen, Krankheiten, Terroranschläge – vorher glaubt man jeweils, die Welt im Griff zu haben, und mit einem Mal wird man in seinen Grundfesten erschüttert, komplett aus dem Konzept gerissen. Doch anstatt stumpf weiterzumachen oder im Leid zu versinken, kann man versuchen, für sich gerade daraus ein besseres Verständnis für die Welt, die Gesellschaft und das Leben generell zu entwickeln. Man sollte danach fragen, wer man in dieser Situation sein möchte. Denn statt sich dem Leid und dem Grübeln hinzugeben, was es von außen und an sich bedeuten könnte, was geschehen ist, gilt es herauszufinden, was es tatsächlich für einen selbst bedeutet. Dieses Verständnis hilft, Frieden mit dem Leben zu schließen. Mehr als man es vielleicht für sich in solchen Zeiten der Krise jemals für möglich gehalten hätte. Und diesen Frieden, wenn man mit sich und dem Leben übereingekommen ist, kann einem niemand mehr nehmen.

Fazit

Akzeptanz ist das Gegenteil von Vermeidung und der erste Schritt zur Veränderung. Es ist die Bereitschaft, sich einer Situation zu stellen, Lösungen für sich zu suchen und zu lernen, wie man am besten mit dem, was geschehen ist, leben und glücklich sein kann.

Zu akzeptieren, was ist, bedeutet, aufnahmefähig zu bleiben. Wenn wir uns darauf fixieren, was wir uns gewünscht hätten oder was das Leben für uns hätte bereithalten sollen, werden wir keinen Blick dafür entwickeln, was das Leben uns alles anbietet, im Hier und Jetzt.

> Ich meine, die Herausforderungen ändern sich, und damit sollten sich auch unsere Herangehensweisen und Perspektiven ändern.

Die Kraft der Dankbarkeit

Was man auf dem Weg zur Akzeptanz ganz ungezwungen findet, ist Dankbarkeit. Sie ist eine wichtige Zutat, um zu innerem Frieden zu gelangen. Dankbarkeit entspringt einzig und allein aus einem selbst. Und um sie voll zur Entfaltung zu bringen, muss man tief in sich hineinhören, ohne Vorurteile, und ehrlich zu sich sein: Wofür wäre man dankbar, wenn man frei von allen äußeren Ansprüchen und Anforderungen danach fragt? Genau hierfür muss man in den inneren Dialog mit sich treten.

Die Frage nach der Dankbarkeit schult aber nicht nur hervorragend in der Innenschau, sie ist auch ein Maßstab für alles Positive, was uns im Leben passiert. Sie hilft uns, an die schönen Momente zu denken und die Dinge positiver zu sehen. Sie lässt uns mitfühlen, sie lässt uns teilen, macht uns nahbarer, realitätsbezogener und verantwortungsbewusster. Auch der Fairnessgedanke liegt ja in der Dankbarkeit begründet. Denn nur wer dankbar ist für das, was er hat, kann auch mit anderen teilen, kann sich für sie einsetzen und freut sich mit ihnen. Jemand, der dankbar ist, ist meist so sehr mit sich im Reinen, dass Groll oder Anmaßung keinerlei Platz in ihm haben.

Man kann sicherlich nicht jedem Menschen aus vollem Herzen dankbar sein. Manche tun einem nicht gut oder meinen es nicht gut mit einem. Aber nach der Begegnung mit solchen Menschen ist Dankbarkeit sich selbst gegenüber zumindest als kleine Anerkennung angebracht, weil man optimistisch geblieben ist und sich nicht hat unterkriegen lassen. Dankbarkeit zeigt sich außerdem als Erleichterung, wenn es uns nach einer schwierigen Zeit wieder besser geht und ein unerträglicher Umstand endlich weggefallen ist. Etwas Positiveres ist an dessen Stelle getreten.

Fazit

Oft wird empfohlen, sich eine Liste mit all dem, wofür man dankbar ist, zu schreiben. Ich halte das für eine hervorragende Idee, die jeden Tag wiederholt werden kann. Es macht dabei nichts, wenn es täglich nur eine Sache ist, die uns einfällt. Was zählt, ist, dass man ein Bewusstsein dafür schafft, wie wichtig es ist, sich auf seine Ressourcen zu besinnen, um sich weiterentwickeln zu können. Auch aus Streitigkeiten kann in vielen Punkten wunderbar Dankbarkeit hervorgehen. Und man hat etwas über sich und andere erfahren dürfen, seine Grenzen und die des Gegenübers aufgezeigt bekommen. Solche Erfahrungen bieten eine überaus wertvolle Sicht, auch auf das eigene Leben.

EMPATHIE ENTGEGEN DEM HASS

Zum Thema Akzeptanz gehört auch das Thema Vergebung. Sie ist für mich nicht nur eine Form der Vergangenheitsbewältigung, sondern etwas Grundlegendes, um sich seinen Handlungsspielraum im Hier und Jetzt zu bewahren. In vielen Interviews wurde ich gefragt, ob und wie ich dem Täter verzeihen konnte, und wie ich es geschafft hätte, keinen Hass zu empfinden auf die Verantwortlichen für die gescheiterte Suche nach mir. Wie sich nämlich später herausstellte, wurden Fehler in den Ermittlungen gemacht, und wichtigen Hinweisen wurde nicht nachgegangen. Es gab genügend Gründe für mich, zu verbittern und mich einfach aufzugeben – so wie man mich aufgegeben hatte.

Wir alle, meine Familie und ich, litten maßlos unter der Situation, konnten nichts tun und mussten während der gesamten Zeit meiner Gefangenschaft mit der Entscheidung des Täters, ein Verbrechen an mir und meiner Familie zu begehen, leben. Die, die etwas hätten tun können, zuallererst der Täter selbst sowie die Polizei und Ermittler als Vertreter des Gesetzes, haben stattdessen nichts zur Veränderung der Situation beigetragen. Wie weltweit bekannt, habe ich mich im Jahr 2006 schließlich selbst befreit.

Die meisten würden mich verstehen, wenn ich Wut über das Geschehene und Hass auf die Verantwortlichen empfinden würde. Und ja, es ist schwer, wenn die gerechte Strafe einen selbst trifft anstatt den wirklichen Täter. Mein Gerechtigkeitsgefühl wurde auf jeden Fall stark infrage gestellt. Daher war es auch ganz natürlich, dass damals Gefühle wie Wut und Ohnmacht sehr nahe beieinanderlagen. Als ich erleben musste, wie die Dinge absichtlich verdreht wurden, Verleumdungen mich trafen und diejenigen, die die Fehler gemacht hatten, nun versuchten, sich eine reine Weste zu verschaffen – alles auf meine Kosten. Dass das auch auf fruchtbaren Boden in der Öffentlichkeit fiel, hat mir, traumatisiert, wie ich es nach Jahren in Gefangenschaft war, den Schlaf geraubt und mich zutiefst verstört.

Aber schon die Jahre davor habe ich intuitiv empfunden: Ich darf mich nicht vom Hass zerfressen lassen, wenn ich mich aus der Gefangenschaft befreien will. Und als ich mich dann selbst befreit hatte, war es nicht, um für immer in meinen Erinnerungen und vergangenen Gefühlen gefangen zu bleiben. Genauso wenig, wie mich von neuen Traumen unterdrücken zu lassen. Also war zu vergeben der einzig mögliche Weg für mich. Weil es letztlich vor allem einem selbst, aber auch allen anderen nicht gerecht würde, das Ganze in Rachegelüste münden zu lassen.

In meiner Gefangenschaft hatte es mir geholfen, mir vorzustellen, dass der Täter ein ungeliebtes Waisenkind war, das nicht genügend Liebe bekommen hat und er deswegen so geworden ist. Dass er außerdem auch seine guten Seiten haben müsste, immerhin versorgte er mich und ging hie und da auf meine Wünsche ein. Ich war nicht bereit zu glauben, dass er als Monster geboren worden war. Daran änderte sich auch nichts, als es nach meiner Selbstbefreiung niemand aushielt, wenn ich versuchte, ein differenziertes Bild des Täters zu zeichnen. Als es in meiner mir erkämpften Freiheit dann zu Anfeindungen gegen mich kam, habe ich mir oft gedacht, dass es diesen Menschen wahrscheinlich nicht sehr gut geht, die mich da gerade attackieren. Dass sie nicht genug Anerkennung bekommen haben und nicht genug Selbstbewusstsein besitzen. Vielleicht tut ihnen auch der große Zeh weh. Wer weiß das schon? Ich versuchte derart, mich in sie hineinzuversetzen. Auch, dass ich unter gewissen Umständen ebenso in dieser Situation sein und mir ein bestimmtes Bild von mir gemacht haben könnte und dann entsprechend solch einen Hass gegen mich empfände, wie diese Menschen es taten. So konnte ich Verständnis für jene entwickeln, die sich unfair mir gegenüber verhielten, voller Misstrauen waren, ja teilweise sogar hasserfüllt. Ich empfand ihr Verhalten deswegen nicht als logisch, ebenso wenig entsprach ihre Entscheidung meinem Denken. Aber ich konnte sie aus ihrer Perspektive heraus verstehen und ihnen gleichzeitig auch dafür vergeben. Ich sagte mir: »Du musst so reagieren, es ist in deiner Natur und offenbar auch gerade in deinem Interesse, wenn es auch gegen mein Interesse ist. Es geht zwar gegen meine Würde, aber ich akzeptiere es.«

Ähnlich verhielt es sich, wenn ich damit konfrontiert wurde, dass manche versuchten, mein Schicksal zu marginalisieren und mit Fragmenten ihres eigenen Lebens gegenzurechnen. Diese Situationen erforderten von mir ein hohes

Maß an Charakterstärke und Einfühlungsvermögen, um zu verstehen, worum es diesen Menschen wirklich ging. Mein zunehmend durch Therapie geschultes psychologisches Verständnis half mir dabei. Letzten Endes glaube ich, dass auch sie bloß gesehen werden wollten, mit all ihren Erlebnissen und Verwundungen, und keinen anderen Kanal dafür gefunden haben, als ihr Schicksal vor mein Leben zu schieben. Das war es wohl, was sie so empathielos handeln ließ. Ich habe über die Jahre gelernt, diese Strategie zu erkennen, und bin heute sogar in der Lage, Rücksicht darauf zu nehmen.

Mich in andere hineinzuversetzen, um sie zu verstehen, war schon immer in meine Persönlichkeit integriert und hat mit meinem Interesse an anderen Menschen zu tun. Durch die Vielfalt der schwierigen Situationen, die ich mit anderen, auch mit dem Täter, erlebt habe, ist diese Fähigkeit mit der Zeit noch weiter ausgereift.

Eigentlich erlernen wir Empathie ja schon im Kindergartenalter. Es wird uns früh beigebracht, dass man sich nicht zu sehr ärgern muss, wenn einem der andere einen Legobaustein wegnimmt, mit dem man gerade gespielt hat. Wir lernen nach und nach, den anderen zu verstehen, der nun einmal genauso damit spielen möchte, und dass es sich sowieso nur um einen Baustein handelt. Und auch wenn man ihn selbst gerne behalten hätte, lernt man, ihn herzugeben, weil man für sein Gegenüber Verständnis entwickelt hat. Diese Art von Lernprozessen haben wir alle durchlaufen. Und auch wenn unsere Charaktere unverfälschlich sind, machen unsere Erfahrungen etwas mit unserem Herzen und unserem Wesen. Sie tragen zu unserer Entwicklung bei.

Die Kraft der Vergebung

Vor den Sätzen, die ich während meiner Gefangenschaft im Verlies notiert hatte: »*Stärker sein. Nicht aufgeben. Niemals, niemals aufgeben!*«, stand noch der Satz: »*Ihm alles verzeihen und nicht weiter böse sein.*« Viele Leute fanden es später befremdlich, als sie davon erfuhren. Für mich gehörten diese Dinge aber zwingend zusammen. Mir war es nur möglich, stark zu sein und nicht aufzugeben, wenn ich verzeihen konnte. Allein weil ich den Hass in mir nicht groß werden ließ, konnte ich handlungsfähig bleiben. Das war die einzige Verantwortung, die ich in meiner Situation noch für mich übernehmen konnte – mich selbst nicht zu verlieren. Denn die Schuld des anderen befreit einen nicht vor der Verantwortung sich selbst und seinen Werten gegenüber. Für mich war das Gebot, mein Gegenüber, egal wie viel Leid es mir auch zufügte, nicht durch meinen Hass zu entmenschlichen. Das ist es nämlich, was Hass tut.

Diese Haltung hat meine innere Größe ausgemacht. Sie bewahrte mich davor, mich kleinzumachen und mich in die mir zugespielte Opferrolle zu fügen. Durch Vergebung konnte ich sie aktiv ablehnen und trat so in meinem Innersten aus dem Zusammenhang heraus, der mir durch den Täter aufgezwungen wurde.

Verzeihen und Vergeben fällt den meisten Menschen schwer. Aber wenn man sich bewusst wird, dass jeder zu jedem Zeitpunkt nur so sein kann, wie er ist, und gerade das Bestmögliche nach außen trägt – so grausam und schrecklich es für Außenstehende auch erscheinen mag –, wenn man das verstanden hat, kann man sich auch damit versöhnen. Das heißt nicht, dass man es gutheißt oder es so uminterpretiert, dass es die Tat verharmlost. Viele Menschen machen das nämlich und stehen sich so einer gesunden Verarbeitung im Weg. Aber wenn man eben verstanden hat, dass es so ist, wie es ist, und akzeptiert, dass die Menschen, mit denen man hadert, einfach noch nicht weiter waren oder sind, ist man einen ganz großen Schritt für sich weitergekommen.

Man kann sich so auch selbst viel besser vergeben. Kann aufhören, Reue zu empfinden und Scham, und muss sich keine Vorwürfe mehr machen. Wenn man akzeptiert, dass man in jeder Situation seines Lebens so gehandelt hat, wie es einem möglich war und es die eigene innere Reife zugelassen hat, kann man sich leichter verzeihen. Man versteht, dass »was wäre, wenn« nirgendwo hinführen wird und der Situation, die man versucht, so zu beurteilen, niemals gerecht werden kann.

Ich habe mein Leben lang immer wieder neu gelernt, dass, wer anderen verzeihen kann, auch sich selbst verzeihen kann, und wer sich selbst verzeihen kann, anderen verzeihen kann. In diese Richtung, nach oben hin, sollte man die Spirale wenden, dann kann man seinen inneren Frieden finden.

Fazit

Durch Vergebung ist es uns möglich, Macht über das Erlebte zurückzugewinnen, während Rachegelüste und Hass zumeist nur in Ohnmachtsgefühlen enden.

Die Fähigkeit der Empathie hilft dabei, seinen persönlichen Standpunkt zu verlassen und zu akzeptieren, dass das Gegenüber aus seinem eigenen Unvermögen oder Vermögen heraus gehandelt hat. In der Fähigkeit zur Akzeptanz dessen liegt auch die Fähigkeit zum Verzeihen begründet. Auf diese Weise kann man den Schutzpanzer, den man sich geschaffen hat, ein Stück weit aufbrechen. Selbstvorwürfe, Selbsthass und Selbstverurteilung können sortiert und widerlegt werden. In Momenten, in denen uns andere mit ihrem Verhalten bewusst oder unbewusst schaden, können wir trotzdem selbstermächtigt und zuversichtlich handeln.

Die wachsende Lebenserfahrung versetzt uns in die Lage, sich in andere einzufühlen und mehr Verständnis aufzubringen. Anderen und uns zu verzeihen, ist daraus der Weisheit letzter Schluss, wie es eine alte Redensart so schön sagt.

DIE EIGENE WELT GESTALTEN

Ich war schon immer ein fantasiebegabtes Kind, wie man so sagt. Es ist eine Eigenschaft, die ich von meinem Vater geerbt habe – der Realität andere Welten entgegensetzen und in sie flüchten zu können. In Gefangenschaft rettete mich diese Begabung. Wenn mich der Täter stundenlang in absoluter Dunkelheit, ohne jeden Sinnesreiz zurückließ, schaute ich träumend in mich hinein, schrieb innerlich kleine Geschichten und schickte mir selbst unzählige ungeschriebene Briefe. In meiner Fantasie sponn ich mir eigene Wirklichkeiten, wie andere Teppiche knüpfen, mit beeindruckenden bunten Mustern und Motiven. Ich öffnete auf diese Weise lebendige Räume in mir, die mich für den Moment aus der Enge des Verlieses und der Bedrohlichkeit der Situation, in der ich steckte, befreiten.

Inspiration holte ich mir, wann immer es mir möglich war, beim Lesen. Mein Entführer gestand mir bestimmte Bücher zu und besorgte sie dann für mich. Oder er holte Bücher aus dem Bestand seiner Wohnzimmerbibliothek, die mit vielen Standardunterhaltungswerken ausgestattet war. So kam ich zum Beispiel in den Genuss aller Karl-May-Werke.

Irgendwann später stellte er mir einen alten Computer und einen Thermodrucker zur Verfügung. Ich habe darauf viele Geschichten geschrieben, vor allem Science-Fiction mit starken Frauencharakteren, die irgendeine Superheldinneneigenschaft hatten, um sich zu wehren – und um die Welt zu retten. Je mehr meine Kraft schwand, je unterernährter ich wurde und je höher die inneren Gefängnismauern wuchsen, desto stärker und widerständiger wurden meine Figuren gegen das Böse, das sie bedrohte. Leider ist nichts von diesen Geschichten erhalten geblieben. Aber meine Kreativität hat mich erhalten, dessen bin ich mir sicher.

Diese inneren Räume der Fantasie und Erinnerung an die schönen Dinge in meiner Vergangenheit waren für mich der intimste Rückzugsraum vor dem Täter. Hier konnte ich ihn aussperren und musste mich ihm und seinen Drangsalierungen nicht aussetzen. Und wenn, dann nur als Gewinnerin.

Bis heute ist Kreativität für mich eine große Quelle der Kraft. Mich kreativ auszudrücken, ist ein innerstes Bedürfnis, auch weil es eine Auseinandersetzung mit mir selbst fordert, die ich mag und suche. Neben den Dingen, die ich schon während meiner Kindheit und dann auch in Gefangenschaft für mich entdeckt habe, bin ich in meinem Erwachsenenleben noch auf weitere Entdeckungsreisen gegangen:

Ich habe angefangen, das Goldschmieden zu lernen, und mir dafür einen Meister gesucht, der es mir beibringt. Die Konzentration und Genauigkeit, die die Feinheit dieser Arbeit verlangt, entsprechen mir sehr, und gleichzeitig macht mir das Entwerfen von Schmuck große Freude.

Ich habe sogar eine eigene Kollektion herausgebracht, *Fiore*, auf die ich natürlich unheimlich stolz bin.

Ich habe auch Gesangsunterricht genommen. Es war sehr berührend, meine Stimme freizulassen und mich selbst auf diese Weise, durch den Gesang, zu hören. An meinem eigenen Klang und meinem Atem zu erspüren, wo ich festhalte und wo mein Körper und mein Geist noch nicht loslassen können. Ich habe dabei viel über mich selbst erfahren.

Das Reiten, das ich seit Jahren intensiv betreibe, empfinde ich nicht einfach nur als Sport. Es ist für mich eine einzigartige Weise, in Kontakt und Auseinandersetzung mit einem lebendigen Wesen Vertrauen und Führung zu lernen.

Zu träumen, einfach so vor mich hin, wie ich es schon als Kind getan habe, erlaube ich mir auch heute noch. Unsere Träume entspringen unserer unmittelbaren Fantasie, und deswegen hat zu träumen etwas mit Psychohygiene zu tun, so wie jede Form von Kreativität. Kreativität ist für mich ein Lebenselixier. Das war es schon immer, und das wird immer so sein.

Die Kraft der Kreativität

Jedes menschliche Wesen ist von einer Mannigfaltigkeit an innerem Reichtum beseelt. Dieser innere Reichtum ist unbezahlbar. Und er ist noch etwas: unverfälschlich. Unverfälschlich ist er deshalb, weil jeder Mensch über seine ganz persönliche Erlebniswelt verfügt, die letztlich in eine einzigartige, unglaubliche Kreativität mündet.

Ja richtig, in uns allen steckt diese eindrucksvolle Kraft, fantasievoll zu denken und zu handeln. Gerade im kreativen Prozess sind wir in der Lage zu erkennen, zu analysieren, Informationen zu sammeln und Lösungen für bestimmte Probleme zu erarbeiten. Damit ist Kreativität auch ein wunderbarer Ausdruck unserer Überlebenskunst. Nicht nur weil wir uns darin unsere Wirklichkeit aneignen und sie verändern und gestalten können, sondern weil wir uns dadurch auch selbst erhalten, so wie ich es getan habe mit meinen Zeichnungen an der Wand im Verlies oder den widerständigen Superheldinnen meiner erfundenen Geschichten.

Das wirklich Tolle an kreativen Prozessen ist, dass sie uns immer zu uns selbst führen. Kreativität wird deswegen gerne als Weg zur Selbstfindung gewählt. Um etwas aus uns heraus zu schaffen, müssen wir uns nahekommen und in tiefe Auseinandersetzung mit uns gehen. Alles hat mit uns zu tun, was wir hervorbringen – wir müssen genau hinsehen, hinhören und vor allem zulassen. Wir lernen unsere zielstrebige und klare Seite kennen, aber auch unsere intuitive und weiche. Nichts kann uns so gut mit unserem Unterbewusstsein in Berührung bringen wie ein kreativer Prozess.

Das Einzige, was unsere Kreativität hemmt, ist die Angst, falsch zu sein oder Falsches zu tun. Oft sabotieren wir uns durch bestimmte Selbstbilder, wenn uns das Zutrauen und die Liebe zu uns selbst fehlen. Dafür sind wir nicht allein verantwortlich: Meistens hat unser Umfeld derartige Bilder in uns gepflanzt. Wir allein sind aber dafür verantwortlich, sie wieder zu entkräften. Diese Aufgabe kann uns niemand abnehmen. Ich weiß genau, wovon ich rede. Es ist nicht ohne negative Reaktionen abgelaufen, meine Kreativität in Freiheit auszuleben. Ich wurde lächerlich gemacht, wenn ich äußerte, welche Wünsche ich hatte und womit ich mich beschäftigen wollte. Man hat mir Arroganz und krankhafte Realitätsferne attestiert. Man hat mir sogar unterstellt, auf Kosten der Steuerzahler zu schmarotzen, wenn ich Bücher schreibe, Gold schmiede oder sonst etwas treibe, was keinem handfesten Nine-to-five-Job im Angestelltenverhältnis entspricht.

Es war verstörend, solche Urteile ertragen zu müssen. Aber ich ließ mir den Weg zu mir und meinen Bedürfnissen letztlich auch durch diese Abwertungen nicht versperren. Ich war nicht davon abzubringen und überwand gerade im kreativen Prozess meine Angst, die mich viel zu lange gehemmt hatte, ich selbst zu sein.

Aus eigener Erfahrung weiß ich deshalb, wie heilsam Kreativität ist. Es lohnt sich, seine Angst zu überwinden und sich frei zu machen von den Urteilen anderer. Und je mehr wir das tun, desto kreativer können wir sein. Sich darauf einzulassen, ist ein erster Meilenstein auf diesem Weg.

Fazit

Es gibt unzählige Formen des kreativen Ausdrucks, die uns schöpferisch werden lassen und manchmal zu ganz unerwarteten Einsichten in uns selbst führen. Dieser innere Reichtum ist uns prinzipiell auch nach traumatischen Erlebnissen noch zugänglich. Dabei ist es wiederum nötig, sich selbst die Erlaubnis zu geben, jene Quellen zu aktivieren.

Kreativität bringt uns auf eine ganz wesentliche Art mit uns selbst in Berührung. Man sollte sich von niemanden festlegen lassen und behutsam in sich hineinhören, was man braucht und was einem liegt. Jeder ist anders, und jedes Innerste wird seine eigene Ausdrucksform finden, sei es durch Leidenschaft, Kunst, den Beruf oder was auch immer.

ABSCHLIESSENDE GEDANKEN ZUR GEGENWART

In einem Interview zu meinem damals neuen Buch *10 Jahre Freiheit* fragte mich mein Gegenüber im Interesse der Öffentlichkeit, was ich mit meiner Zeit und meinem Leben so tue. Konkret äußerte er die Frage: »Was machen Sie im Leben?« Ich habe darauf spontan und ohne große Erläuterung geantwortet: »Ich lebe.«
Nach allem, was ich erlebt habe, ist einfach zu leben das Herausforderndste und das Schönste, was ich mir vorstellen kann. Das Herausforderndste ist es deswegen, weil es mich immer wieder in die tiefe Auseinandersetzung mit mir selbst führt und meine Vergangenheit mich gelehrt hat, wie sehr ich mir verpflichtet und in der eigenen Verantwortung bin, für mich einzustehen, um im Hier und Jetzt ein erfülltes Leben haben zu können. Niemand kann mir das abnehmen, keiner weiß das so gut wie ich. Und dann denke ich mir, wir alle sollten lernen, diese Aufgabe für uns anzunehmen. Es ist ja auch eine wunderschöne Aufgabe, das zu tun. In der Begegnung mit sich selbst liegen große und prägende Erkenntnisse. Und indem wir für uns sorgen, können wir wachsen. Keinen anderen Auftrag hat das Leben meines Erachtens.

Gerade wenn man schlimme Dinge erlebt hat und traumatisiert wurde, ist es erst einmal ungewohnt, für sich einzustehen. Aber nach und nach lernt man, auf sich selbst zu vertrauen und Fuß zu fassen. Man gewinnt wieder ein wenig Raum, um herauszufinden, was man im Leben überhaupt möchte, was einem wichtig ist. Man versucht zu rekonstruieren, was einem abhandenkam. Versucht das, was man verlor, durch Neues, Positives zu ersetzen. Am liebsten will man alles hinter sich lassen, das einen belastet, und die alten Brücken abreißen. Das wird jedoch nie ganz gelingen, Erinnerungen können nämlich jederzeit, völlig unvermittelt aufblitzen. Was jedoch gelingen kann, ist, dem Vergangenen keine Macht mehr zu geben. Das Hier und Jetzt zählt, nicht das Gestern und selbst das Morgen nicht. Das bedeutet aber keinesfalls, dass wir nur den Moment genießen und so leben sollen, als ob es kein Morgen gäbe. Das Gegenteil ist der Fall: Indem wir das Leben in der Gegenwart voll ausschöpfen, investieren wir in unsere Zukunft. Denn nur wenn wir das Heute positiv gestalten, kann es ein besseres Morgen geben.

Zukunft

DER BLICK NACH VORNE

Es gab diese Momente im Laufe meiner Gefangenschaft, in denen mich nichts mehr zu halten schien und meine Kräfte vollends geschwunden waren. Dann war meine Verzweiflung so groß, dass es mir buchstäblich den Boden unter den Füßen wegzog. Übrig blieb nur das kleine Mädchen in all seiner Hilflosigkeit und Verlassenheit. Und auch als ich schon älter und zu einer jungen Frau geworden war, fühlte ich mich noch so.

Immer wieder war ich mit der Frage konfrontiert, worauf ich nach all den Jahren noch hoffen konnte. Eigentlich hätte diese Hoffnung mit jedem Tag, jeder Woche, jedem Monat und jedem weiteren Jahr, das verstrich, ohne dass sich Aussicht auf Freiheit einstellte, schwinden müssen – bis letztlich nichts mehr davon übrig gewesen wäre. Doch so war es nicht. Ich entschied mich Tag für Tag aufs Neue und ganz bewusst, meine Hoffnung nicht zu verlieren, doch irgendwann einmal wieder frei zu sein. Auch wenn alles dagegensprach.

Mit zwölf Jahren erlebte ich einen Moment größter Hoffnungslosigkeit: Ich hatte endgültig aufgegeben, dass man mich je finden würde. Ich war verzweifelt in meiner Sehnsucht nach einem erwachsenen Menschen, der mich beschützte und mir half. In dieser Situation tauchte in meinem Innern das Bild von mir selbst als erwachsene Frau auf. Sie war groß und stark und achtzehn Jahre alt – ein von mir als jüngeres Kind sehnlichst erwartetes Alter, in das ich meine Unabhängigkeit und Selbstständigkeit projizierte. Diese Natascha kam mir entgegen, reichte mir die Hand und versprach mir, mich zu befreien. Sie gab mir die Gewissheit, dass ich es schaffen könnte, wenn ich nur endlich zu dieser jungen, starken Frau heranwachsen würde. Ihr Selbstbewusstsein und ihre Unabhängigkeit waren grenzenlos.

In der Nacht der ersten Begegnung mit diesem inneren Bild der erwachsenen Natascha schloss ich also einen Pakt mit ihr, dass sie kommen würde, um mich zu befreien. Ich hatte meine Hoffnung damit sozusagen personifiziert. Und ähnlich der Bezaubernden Jeannie in der Flasche konnte ich sie beschwören, sich mir zu zeigen, wenn ich Trost brauchte. In den dunkelsten Stunden in meinem Verlies holte ich sie an meine Seite: An ihr sah ich, wer ich sein würde, wenn ich nur überlebte. Diese Aussicht rettete meine Hoffnung auf Freiheit. Immer wieder. Und sie rettete dadurch mein Leben.

Tatsächlich war ich achtzehn Jahre alt, als ich meine letzte verbliebene Kraft und Selbstachtung zusammennahm und meine vom Hunger abgemagerten, mit Hämatomen übersäten Beine zwang, um mein Leben zu laufen, als sich endlich die Gelegenheit bot. Diese reale achtzehnjährige Natascha, die floh, hatte nichts mit der Natascha aus meiner Vision zu tun. Dennoch war sie nur deshalb am

Leben, weil sie das Bild der starken, selbstbewussten Frau in sich trug, das ihr so lange Hoffnung zu geben vermochte.

Das Vertrauen in die Zukunft sollte ich mir auch nach meiner Selbstbefreiung noch ständig aufs Neue bewahren müssen. Ist man solch einer traumatisierenden Situation, wie ich sie erlebt hatte, erst mal entkommen, dauert es nicht lange, bis die Psyche, die jahrelang Unsägliches ertragen musste, nachgibt und posttraumatische Belastungen das Leben immens erschweren. Als ich dann außerdem diesem – von mir in dem Maße komplett unerwarteten – Druck ausgesetzt war, wurde es zunehmend schwierig, das Vertrauen ins Leben aufrechtzuerhalten. Das muss ich offen zugeben.

Gleichzeitig hatte ich doch so Unglaubliches überlebt! Ich konnte den Mut nicht sinken lassen – nicht jetzt. Nach und nach begriff ich, dass auch, wenn die Menschen und die Gesellschaft, in der ich lernen musste zu leben, oft nicht gerecht sind, es doch hoffnungsvolle Situationen gibt, an denen ich mich festhalten durfte. Ich hatte so große Sehnsucht nach meiner Familie gehabt, und endlich konnte ich sie wieder um mich haben. Natürlich erlebte ich da auch Enttäuschungen. Wie hätte es anderes sein können? Meine geliebte Großmutter war mittlerweile verstorben. Auch war der Graben zwischen meinen Eltern durch die Belastungen meines jahrelangen Verschwindens noch größer und unüberwindbarer geworden. Und nun standen wir uns auf einmal als Individuen gegenüber, die sich im Laufe der Jahre und durch alles, was geschehen war, enorm verändert hatten. Sie waren nicht mehr die von damals, und ich war nicht mehr die kleine Natascha. Damit mussten wir lernen umzugehen. Sobald wir das aber begriffen und akzeptiert hatten, erlebten wir wieder schöne und innige Momente und durften ganz neue Erfahrungen miteinander machen. Was mir außerdem ein großes Maß an Hoffnung gab, abseits all der Anfeindungen in der Öffentlichkeit, waren der Zuspruch und das Mitgefühl aus meinem vertrauten Umfeld – aber auch von Unbekannten, die mir schrieben. Sie bestärkten mich darin, nicht aufzugeben, hinterfragten meine Glaubhaftigkeit nicht und freuten sich einfach nur für mich, überlebt zu haben. Ihr Beistand richtete mich auf und ließ mich nach vorne schauen. Zeigte mir, dass es Menschen gab, die es gut mit mir meinten und die gerecht waren. Ließ mich hoffen, dass das, was mir angetan wurde, irgendwann überwunden sein oder zumindest nicht mehr eine so große Rolle in meinem Leben spielen würde.

Die Kraft der Hoffnung

Hoffnung ist etwas unglaublich Schönes und Kraftvolles, und ich bin überzeugt, dass sie zu jenen Ressourcen gehört, die überlebenswichtig für uns Menschen sind. Nur wer Hoffnung in sich trägt, kann leben. Wer keine hat, findet keinen inneren Antrieb mehr und verliert den Sinn im Leben. Sich einen Sinn zu bewahren, indem man auf etwas hinlebt, für etwas lebt, halte ich für unverzichtbar. Wann immer mir die Hoffnung auf meine Zukunft verschwamm, verlor ich den Lebenswillen und meine Stärke. Sie neu zu mobilisieren, mich darauf zurückzubesinnen, worum es mir ging und wofür es sich zu überleben lohnte, war meine einzige Chance, dies auch zu schaffen. Es ist die Hoffnung, die uns motiviert, uns inspiriert und uns zu Höchstformen auflaufen lässt. Ohne sie wären wir schier hoffnungslos verloren!

Manchmal fühlen wir uns in einer Welt gestrandet, die wir nicht erschaffen haben, die wir nicht verstehen und so nicht wollen. Mag sein, dass es Geduld und Durchhaltevermögen erfordert, wenn die Situation, die einem so zu schaffen macht, noch lange anhalten wird – Tage, Monate, vielleicht sogar Jahre, wie es bei mir war. Ich weiß sehr gut, dass zu warten und dabei nicht vollends seinen Mut zu verlieren, nicht einfach ist, besonders wenn man deprimiert und traurig ist. Schon oft sind Träume geplatzt, und Pläne wurden zerschmettert. Und es scheint einem selbst so, als bekäme man nie eine Chance auf Glück. Aber um weiterzumachen und für sich und andere stark sein zu können, ist es wichtig, die Hoffnung weiter aufrechtzuerhalten – und sei es auch nur ein winzig kleiner Schimmer positiven Denkens am Horizont.

Mit Recht kann man fragen, wie das funktionieren soll, wenn die Verzweiflung zu groß wird und die Lage hoffnungslos scheint. Man muss den Blick heben, weg von den Dingen, die einen gefangen nehmen, und sich umschauen, wofür es sich zu leben lohnt. Ob es Pläne und Ziele für die Zukunft sind, die mit dem eigenen Selbstentwurf zu tun haben, oder ob es Dinge sind, die wir schon erlebt haben und von denen wir in Zukunft mehr in unserem Leben haben wollen. Auch miterleben zu wollen, wie sich die Welt und die Menschen um uns entwickeln, all das macht das Leben lebenswert.

Hoffnung haben lernt man, indem man handelt. Zu hoffen, selbst auf etwas Unwahrscheinliches, ist immer verbunden mit einer Chance auf positive Veränderung. Denn auch wenn man nicht alles bekommt, was man möchte, ist es trotzdem möglich, etwas an oder um sich zu verändern, um glücklicher zu werden. Es lohnt sich also zu hoffen!

Hoffnungen und Ziele unterstützen uns darin, uns weiterzubewegen und schon allein durch unseren Willen eine Veränderung zu erzielen. Sie können ein großer Antrieb sein, um nicht in schwierigen Situationen zu verharren. Und auch wenn sich mancher Umstand oder etwas Erlebtes nicht verändern lässt, sollten wir die Hoffnung, dass es in Zukunft anders sein wird, nämlich besser, nicht verlieren. Es gibt immer einen Ausweg, vielleicht zeigt er sich nur noch nicht klar und deutlich. Man darf sich nicht entmutigen lassen, wenn das Problem nicht gleich zur Gänze lösbar ist. Wenn man Hoffnung bewahrt, kann und wird man etwas zur Lösung beitragen, Schritt für Schritt. In jedem Fall unterbricht unser Hoffen die Resignation von »Da kann man ja sowieso nichts machen«.

Fazit

Der hoffnungsvolle Blick ist wie eine Superkraft: Über das hinaus, was ist, sieht er die Möglichkeiten eines guten Ausgangs – dort, wo eigentlich gar nichts zu sehen ist. Er hilft uns, so zu handeln, als sei Rettung möglich, auch wenn wir nicht wissen, wie die Geschichte ausgeht. Wenn wir dann anpacken und loslegen, verändern wir ganz automatisch etwas.

Das Leben ist es auf jeden Fall wert zu schauen, was noch so alles in der Zukunft liegt und dort auf einen wartet.

Die Kraft des Optimismus

Einen wichtigen Anteil am Prinzip Hoffnung hat der gesunde Optimismus. Wie wir die Dinge betrachten und bewerten, macht letztlich aus, wie sie sich für uns darstellen. Das Glas ist entweder halb voll oder halb leer, wie man so schön sagt. Und meiner Meinung nach lässt es sich meist noch auffüllen.

Wenn wir es schaffen, die Probleme von gestern zurückzulassen, in der Vergangenheit, sieht heute alles ganz anders aus – egal wie schrecklich der Vortag auch gewesen sein mag. Es ist eine bewusste Entscheidung, sich mit dem, was passiert ist, nicht auf die gleiche Weise auseinanderzusetzen wie zum Zeitpunkt des Geschehens. Es hilft, den neuen Tag auf sich zukommen zu lassen, ihn anzunehmen und neu zu bewerten, um nicht das Heute vom Gestern überlagern zu lassen.

Ich entscheide mich stets aufs Neue, den Tag einen guten sein zu lassen – ihm eine Chance zu geben. Indem ich klare und bewusste Gedanken fasse und die Situationen durchdenke, schaffe ich es, die Dinge neu zu bewerten. Ich betrachte von allen Seiten, was mich belastet, um so aus meiner starren Perspektive auszubrechen.

Manchmal beginne ich den Tag auch mit Meditation. Es ist für mich eine gute Methode, um Ruhe in meinen Geist zu bringen. Und um mir auszutreiben, was mich wieder in alte Muster ziehen will. Je nachdem welche der Herangehensweisen sich in der Situation bewähren, in der ich gerade stecke, entscheide ich mich für sie. Aus Erfahrung weiß ich, dass sich treiben zu lassen und sich nicht in irgendeiner Form mit dem eigenen – deprimierten und schlechten – Zustand auseinanderzusetzen und ihm etwas entgegenzusetzen, niemanden weiterbringt. Besser ist es, sich diesen Zustand sanft auszutreiben. Dabei muss jeder sein eigenes Tempo finden, um aus gesunder Selbstliebe heraus das, was einen belastet, in Angriff zu nehmen und so ins Handeln zu kommen.

Ich weiß sehr gut, was es bedeutet, traumatische Situationen erlebt zu haben. Wie sehr einen das eigene Leiden gefangen nehmen und wie voll man von Traurigkeit und Mutlosigkeit sein kann. Schlaflose Nächte, Ängste und Kraftlosigkeit sind die Folge. Der ganze Körper reagiert, man bekommt Ausschläge, Herzrasen und ist komplett ausgepowert. Geist und Körper leiden gleichermaßen, und das Immunsystem ist ab einem gewissen Punkt völlig geschwächt. Um das zu vermeiden, muss man irgendwann einmal auf die Bremse drücken und den Kreislauf durchbrechen.

Aufzusehen, den Blick nach vorne zu richten und anderes wahrzunehmen als nur das eigene Leid, lohnen sich wirklich. Manchmal ist der Schlüssel, sich ein wenig besser zu fühlen, die Gesellschaft anderer Menschen, oder es sind gewisse Verpflichtungen im Alltag, denen man nachgehen sollte. Dazu habe ich mich bereits im Kapitel zur Vergangenheitsbewältigung eingehend geäußert. In jedem Fall bleibt einem noch genug Zeit, um über all das nachzudenken, was einen traurig macht – später dann …

Wenn man in einer Krise steckt, kommt es zuerst darauf an, sich nicht noch mehr einzuzementieren in dem, was einen runterzieht. Vielmehr sollte man schauen, dass man in Bewegung bleibt. Wenn auch nur stark reduziert. Was mir immer hilft, ist, meine persönlichen Ziele und Pläne für die Zukunft zu visualisieren. Sie motivieren mich, nicht in einem depressiven Zustand zu verharren.

Manchmal sind es aber auch einige wenige kostbare Momente, die einen mit sich und der Welt versöhnen. Vieles, was außergewöhnlich scheint, erfordert keine Erklärung – so ist es auch mit der Schönheit. Letztlich liegt sie in der Einzigartigkeit der Dinge. Die Welt ändert sich jeden Tag und wir uns mit ihr. Jeder Moment ist also kostbar, etwas Besonderes, etwas Schönes. Gerade weil alles so vergänglich ist wie die Schönheit des Moments, ist es wichtig, sie zu genießen, sie wertzuschätzen und sie nicht unbeachtet an sich vorüberziehen zu lassen.

Die Schönheit des Lebens verbirgt sich manchmal direkt vor uns. Und oft öffnen einen erst schmerzhafte und unschöne Erfahrungen dafür, den wahren Wert des Lebens zu erkennen. Es gibt viele Beispiele, bei denen Menschen durch Leid und Verlust, Krankheiten oder Todeserfahrungen zur Besinnung kamen und infolgedessen bereit waren wahrzunehmen, was das Leben kostbar macht. Ich kann für mich sagen, dass ich durch meine Erlebnisse um den unschätzbaren Wert des Lebens weiß und sich dieses Wissen tief in mir verankert hat. Ich weiß die Schönheit des Lebens zu schätzen, die in den winzigsten, aber fast perfekten Augenblicken liegen kann – kleine Errungenschaften und Erfolge, die einem das Leben verschönern. Wie wunderbar es ist, mit anderen verbunden zu sein und mit Liebe im Herzen aufzuwachen. Es gibt ja so viele Menschen auf diesem Planeten, die es noch zu treffen lohnt. Und auch mit sich selbst ist man dadurch mehr verbunden. Ich empfinde es als schön, das Besondere in der Kunst und Literatur zu erfassen, was andere zum Ausdruck bringen und was ich durch sie alles erkennen kann. Es gibt so viele Projekte, die unterstützenswert sind, soziale Engagements und bahnbrechende Erfindungen. So viel Schönheit in der Natur, wo es Wundersames, ja Einzigartiges zu bestaunen und zu entdecken gibt. Wir haben unendlich viel, mit dem wir uns beschäftigen können, so vieles, auf das wir uns freuen dürfen!

Fazit

Auch wenn alles dagegenzusprechen scheint, ist es wichtig, nicht auf sein Glück zu verzichten. Wenn wir uns für die Zukunft entscheiden, wartet sie auf uns – ohne Zweifel. Man selbst legt fest, welchen Momenten im Leben man größere Bedeutung beimisst – den guten und schönen oder den belastenden. Vieles kann zum Positiven verändert werden und besser als zuvor sein, wenn man das Schöne im Leben nur zu schätzen weiß und selbstbewusst und hoffnungsvoll in die Zukunft blickt.

WAS UNS HOFFNUNG GIBT

Untrennbar damit verbunden, quasi als Essenz der Hoffnung, ist unsere Fähigkeit, zu träumen und Pläne zu schmieden. Auf der einen Seite sind da die Tagträume und Fantasien. In meiner Gefangenschaft habe ich mich ständig darin bewegt und gebe mich ihnen auch heute noch gerne hin. Ich würde sie, genauso wie unsere nächtlichen Träume, als eine Art Psychohygiene bezeichnen.

Ich bin schon darauf eingegangen, wie viel Kraft es mir gegeben hat, während der Gefangenschaft Geschichten zu erfinden und mich in Vorstellungswelten zu flüchten, wo alles möglich war. Wo meine weiblichen Hauptfiguren Superkräfte hatten und am Ende immer als Siegerinnen des Konflikts ausgestiegen sind. Genauso wichtig waren die Träume, die sich aus meiner Vergangenheit speisten und schöne Erlebnisse und Gefühle heraufbeschworen.

Und dann gab es auch noch die konkreten Fantasien von meiner Zukunft in Freiheit. Ich verbrachte Stunden damit, mir auszumalen, wie ich meine Zeit da draußen verbringen würde – wie man sich trifft und plaudert, wie ich einkaufen gehe, einen Ausflug in die Natur mache, umgeben von meiner Familie, wie ich Rad fahre und reiten gehe. Ich könnte die Liste an Fantasien eines selbstbestimmten Lebens unendlich weiterführen.

Vor allem aber hat mir die Hoffnung darauf, meine schlimmen Erfahrungen irgendwann einmal umwerten zu können, eine Vision für die Zukunft gegeben. Ich war fest entschlossen, wieder zurück ins Leben zu finden, um auch anderen mit traumatischen Erfahrungen zu helfen. Ich malte mir aus, wie es sein würde, diesen Menschen zur Seite zu stehen. Wie es mir möglich wäre, auf Opfer von Missbrauch und Gewalt zuzugehen, sie zu verstehen, weil ich durch meine eigene Geschichte ihre Bedürfnisse nachempfinden könnte. Als Opfer ist man davon abhängig, dass man sich anderen anvertraut, die Möglichkeit hat, um Rat zu fragen und Hilfe zu bekommen. Wenn man dabei auf Menschen trifft, die besonderes Verständnis aufbringen können, weil sie selbst viel durchmachen mussten, ist das natürlich äußerst hilfreich. Ich träumte davon, einmal so jemand für andere sein zu dürfen.

Es kommt oft vor, dass es einstige Opfer sind, die Selbsthilfegruppen gründen oder als Juristen pro bono beraten. Ich bin froh darum, dass es so viele hilfsbereite und erfahrene Menschen gibt, die sich aus ihrer eigenen Biografie heraus dafür entschieden haben, für andere da zu sein. So verändern sie aufgrund ihrer Erlebnisse die Leben von anderen zum Positiven.

Bis ich den Wunsch, selbst Helferin sein zu dürfen, in die Tat umsetzen konnte, brauchte es mehr Zeit, als ich angenommen hatte. Ich musste zunächst erst lernen, mir selbst zu helfen und zu mir zu finden, bevor ich die nötige Stabilität hatte, um auch anderen helfen zu können. Dabei hatte ich einige unerwartete und hohe Hürden zu nehmen, die mir in meiner Freiheit vor die Füße geworfen wurden und mein Vorhaben erschwerten. Nach einigen Jahren aber konnte ich meinen Traum auf verschiedene Weise verwirklichen.

Ich habe grundsätzlich nie aufgehört, Ideen und Pläne für die Zukunft zu schmieden und diese zu verfolgen. Sie haben mir immer Antrieb gegeben und mich in Bewegung gehalten, anstatt mich einfach resignieren zu lassen. So traute ich mir zu, einen Schulabschluss nachzumachen, nahm mir meinen Raum für künstlerische und kreative Arbeit und ließ mich am Ende nicht von Neidern oder missgünstigen Menschen abhalten, in der Öffentlichkeit aufzutreten und meine Stimme zu erheben – für mich und für jedes Opfer, das man versucht, einer sensationslustigen Menge als Fraß vorzuwerfen.

Um mich persönlich weiterzuentwickeln, ist es einfach unerlässlich, träumen zu dürfen. Und selbst wenn es oft anders kam, als ich es mir ersehnt oder vorgestellt hatte, gab es auf dem Weg dahin mehr Dinge zu erleben und zu lernen, als ich es mir je hätte träumen lassen. Wie heißt es so schön: »Der Weg ist das Ziel«, mag er auch noch so steinig sein. Im Übrigen lassen sich aus Steinen wunderbare Sachen bauen. Und so mancher Stein stellt sich vielleicht sogar als Edelstein heraus, der nur darauf gewartet hat, geschliffen zu werden. Ich durfte auf meinem bisherigen Weg feststellen, dass es keine Umwege gibt, nur Herausforderungen – auf dem Weg, der zum Ziel führt: sich zu entwickeln und am Leben zu wachsen.

Nach all den Jahren habe ich es geschafft, ein selbstbestimmtes und erfülltes Leben zu führen. Mich jeden Tag aufs Neue auf Dinge freuen zu dürfen, die mich erwarten. Und in dem ich voller Selbstbewusstsein für die Zukunft noch so einiges vorhabe.

Die Kraft unserer Träume und Ziele

Träume sind ein Ort der kontemplativen Innenschau, ein Raum der unbegrenzten Möglichkeiten. Aus unseren Träumen entstehen Wünsche und erwachsen Ziele, die uns anspornen, über uns selbst hinauszuwachsen. Mit einem Ziel vor Augen, das wir uns erträumen, wird der Weg, auch wenn er noch so beschwerlich ist und mit Leid verbunden scheint, wiederum zur Herausforderung und zur Motivation.

Wir speisen unsere Ziele und Träume aus dem, was uns sinnvoll erscheint und uns weiterbringt. Das kann die Sehnsucht nach einer Verbesserung der Situation sein, in der wir uns befinden, oder der Traum, dass alles wieder gut wird, wenn wir in einer Lebenskrise stecken. Träume helfen, erlittenes Leid zu mildern, sie dürfen daher auch fürs Erste unrealistisch erscheinen. Es macht sie umso kostbarer, wenn sie eines Tages dann doch in Erfüllung gehen sollten.

Manche unserer Träume sind auch auf ganz konkrete Dinge gerichtet. Dann sind sie uns ein Ansporn, etwas erreichen oder besitzen zu wollen. Oder wir haben den Traum, jemand Bestimmtes zu sein. Dafür setzen wir uns entsprechend in Bewegung und versuchen, unser Ziel zu erreichen.

Selbst wenn es vorerst mühsam erscheint, sich einen Weg ans Ziel seiner Träume zu bahnen, so lohnt es sich doch, all die Blockaden loszuwerden und den inneren Kritiker zum Schweigen zu bringen, der meist nur ein Echo missgünstiger Stimmen der Außenwelt ist. Das sollte uns nicht ablenken. Bleiben wir uns lieber selbst treu und gehen den Träumen nach, die sich aus unseren existenziellen Zielen speisen.

Fazit

Träume können uns über uns selbst erheben, weg von dort, wo wir gerade stecken. Wer die Fähigkeit hat zu träumen, besitzt die kreative Kraft, sich selbst zu entwerfen und sich Ziele zu stecken, die einen anspornen und weiterbewegen, um nicht im Istzustand zu verharren. Mit einem Ziel vor Augen erhält das Leben den nötigen Antrieb und wird erst richtig lebenswert. Selbst scheinbar unüberwindbare Hindernisse können plötzlich bewältigt werden, wenn man nur weiß, wozu es gut sein soll. Sich seine Träume klar vorzustellen und seine Ziele genau zu vergegenwärtigen, hilft, sie greifbarer zu machen und ihrer Verwirklichung ein Stück näher zu kommen.

ERKENNE DICH SELBST

In dem Maße, wie wir fähig sind zu träumen – und dadurch zu hoffen –, sind wir in der Lage, uns selbst zu verwirklichen. Die Essenz unserer Träume ist das, wer wir sind.

Ich habe in Gefangenschaft erlebt, wie mein Fantasieleben und meine Traumwelt zum letzten, ja einzigen Rückzugsort vor dem Täter wurden. Der Ort, wo ich sein konnte, wer ich wollte. Diese Welten, in die ich mich begab, waren mir eine Quelle der Kraft. Weil meine Werte, meine Wünsche und meine Bilder darin stattfanden und mein sonst so unterdrücktes Ich darin aufblühen konnte. Mein Vorstellungsvermögen war ein immerwährender Motor dafür, nie aufzugeben. Genauso wie es mir später Orientierung war, nicht klein beizugeben in der großen, weiten Welt.

Als sich mein Traum von der Freiheit mit meiner Selbstbefreiung realisiert hatte, entpuppte sich diese Freiheit jäh als ein leeres Versprechen von Selbstbestimmung. Aber ich gab wieder nicht auf. Ich hatte eine klare Vorstellung davon, wer ich war und wer ich sein wollte. Und das machte mich stark! Ich gestand mir selbst zu, was mir sonst versagt geblieben wäre, nämlich das Recht auf meine eigene Zukunft. Ich wollte nicht zu meinem eigenen Schatten werden, passiv, nur weil andere es mir weder gönnten noch zutrauten, jemand zu sein, der Pläne und Wünsche hatte und die Kraft an den Tag legte, ihnen auch nachzugehen.

Im Zuge dessen wurde das gar immer wieder als anmaßend diskutiert. Offensichtlich war manch einer der Meinung, ich müsste mich damit begnügen, frei zu sein. Eine Erfüllung im weiteren Lebensweg zu finden, war für ein »Opfer« wie mich nicht vorgesehen. Dabei hatte ich all das Furchtbare und Unaussprechliche meiner Gefangenschaft doch nur überstanden, um danach endlich ein schönes und erfüllendes Leben zu leben. Welchen Sinn sollte mein Überleben sonst gehabt haben?

Ich empfand die Zuschreibungen und Verleumdungen als eine anmaßende Aufforderung, mich gefälligst in die Opferrolle einzufinden. Je mehr ich mich positionierte und behauptete, desto stärker wurde der Gegenwind. Doch ich ließ mich, so sehr mich die Vorwürfe auch angriffen, in den Grundfesten meines Selbst nicht erschüttern, und ich war auch nicht von meinen Zukunftsplänen abzubringen. Selbst auf das Risiko hin, anzuecken und hie und da einen Fehler zu begehen, hielt ich daran fest und tat damit das Richtige, in Übereinstimmung mit mir selbst.

Ich nahm mir die Zeit, zu heilen und meine Traumata zu bearbeiten. Ich fand heraus, was meine Bedürfnisse und Begabungen sind, von denen ich jahrelang, in einer essenziellen Phase der Selbsterfahrung und persönlichen Entwicklung, keine zu haben hatte. Ich baute mir behutsam ein Privat- und Sozialleben auf, verstand mehr und mehr, welche Menschen mir guttun und welche ich besser auf Distanz halte. Ich machte einen Schulabschluss, um mir berufliche Perspektiven zu schaffen, und ich ging meinen kreativen Fähigkeiten nach. Von nichts und niemandem wollte ich mir jemals wieder vorschreiben lassen, was mich zu interessieren hat und wie viel Selbstverwirklichung mir zusteht.

Die Kraft des Selbstentwurfs

Jeder sollte sich zumindest einmal im Leben die Mühe machen und herausfinden, was in ihm steckt und wer er ist. Dem nachzugehen bedeutet, Verantwortung für sein persönliches Wachstum zu übernehmen. Unsere Träume und Wünsche sind so eng mit unseren Bedürfnissen verknüpft, dass sie auch in diesem Zusammenhang eine tragende Rolle spielen.

Man kann zu Recht einwenden, dass nicht jeder auf der Welt sich kreativ voll ausleben oder seinem Traumjob nachgehen kann. Man hat einen Alltag zu bewältigen, der aus Verpflichtungen und Anforderungen besteht. Der eine hat eine Familie zu ernähren, die andere eine Führungsposition auszufüllen, die ihr Verantwortung für andere abverlangt. Die Mieten und das Essen sind teuer, und der Lebensstandard will gehalten sein. Noch dazu, wo kämen wir denn hin, wenn jeder einer kreativen Arbeit nachgehen würde anstatt einer gesellschaftlich notwendigen, wie Pflege, Reinigung, Service und Verkauf – Jobs, die in Coronazeiten das Label »systemrelevant« erhalten haben?

Trotzdem – oder vielleicht gerade deshalb – bin ich der Meinung, dass man zumindest groß und kunterbunt träumen darf, ja sogar soll. Wer verbietet einem, sich in allen möglichen Farben auszumalen, wer und wo man sein möchte? Was spricht dagegen, Pläne zu schmieden, die nicht realistisch scheinen? Träume helfen uns, die Realität zu verlassen und damit unsere festgefahrene, gesellschaftlich vorgeschriebene Perspektive zu sprengen.

Wenn wir uns erlauben, konkrete Bilder davon zu entwerfen, wer wir sein wollen, kommen wir Bedürfnissen auf die Spur, die bis jetzt vielleicht gar keinen Platz in uns hatten, weil wir aufgrund des Alltags und des gesellschaftlichen Druckes keinen Zugriff auf sie hatten. Sobald wir uns in unseren Träumen etwas zutrauen, uns was gönnen, kann es nach und nach sogar in der Realität Raum gewinnen – wenn vorerst auch nur im Kleinen.

Anstatt auf der großen Bühne des Burgtheaters zu stehen, findet man möglicherweise in einer Laientheatergruppe Erfüllung. Oder man fängt an, Tagebuch und Briefe zu schreiben, während der große Roman vorerst noch warten muss. Eventuell beginnt man, in einem Chor zu singen, und merkt, dass man nicht unbedingt Leadsängerin einer erfolgreichen Band zu sein braucht, um Freude am Singen zu erleben. So oder so tut man etwas für sich und nimmt sich ernst in seinen Bedürfnissen. Und was heute nicht ist, kann ja noch werden, wie man so schön sagt! Eventuell legt man mit seinem Tun den Grundstein für etwas Größeres, auf jeden Fall aber setzt man das Fundament, um sich nicht zu verlieren. Der Prozess an sich ist es, der so kostbar ist und der voller Entdeckungen über einen selbst steckt. Neue Seiten an sich festzustellen, kann oft helfen, Altes loszulassen. Unsere Angst vor Veränderung sollten wir dabei unbedingt auf der Strecke lassen.

Fazit

Wenn wir den Mut haben, uns selbst zu entwerfen, und unsere Träume ernst nehmen, werden wir an unseren Vorstellungen wachsen. Es mag nicht immer möglich sein, unser wahres Potenzial mit dem Alltag in Einklang zu bringen oder sein Leben vollkommen dem großen Traum zu widmen. Aber dem nachzugehen, wer man sein möchte, ist einmal der erste Schritt in die richtige Richtung. Ich rate jedem, sich den Rahmen der eigenen Möglichkeiten innerlich nicht zu eng zu stecken. In unseren Fantasien darf alles möglich sein, und wir sollten uns niemals kleiner denken, als wir sind.

FREIHEIT LEBEN UND IHRE GRENZEN KENNEN

Als jemand, der so viele Jahre in Gefangenschaft lebte, der gedemütigt und misshandelt wurde und dem alle äußeren Möglichkeiten genommen worden waren, sich zu entfalten, habe ich einen sehr speziellen Bezug zu Freiheit. Sie ist nicht nur ein abstraktes Wort. Vielmehr ist sie für mich eine Herausforderung, das Leben in seiner Fülle anzunehmen, mit aller Entschiedenheit in meinem Verhalten, aller Klarheit meiner Äußerungen und Handlungen und aller Verantwortung mir selbst und der ganzen Welt gegenüber. Freiheit ist für mich auch ein moralischer Begriff: Sie erteilt mir den Auftrag, ihr Angebot zu erfüllen. Mir wurde Freiheit so radikal entzogen, dass ich mich des Geschenks, sie wiederzuhaben, würdig erweisen möchte. Deswegen war es für mich auch keine Frage, ob ich abtauche, stillhalte oder nachgebe. All die Festlegungen und Anschuldigungen waren Angriffe auf meine wiedergewonnene Freiheit. Sie aufzugeben und mich erneut zu begrenzen, wäre einer noch massiveren Unterdrückung meiner selbst gleichgekommen, als ich sie bereits in Gefangenschaft erleben musste.

Dass ich dort meine Freiheit in ihrem Kern, wie ich ihn verstehe, nie ganz aufgegeben und mich dadurch nicht verloren hatte, hat aus heutiger Perspektive damit zu tun, dass ich früh verstanden hatte, dass Freiheit aus dem eigenen Innersten kommt. Dass sie mit einem Selbstverständnis zu tun hat, das sich nach und nach entfalten möchte. Ist man darin von außen eingeschränkt, weil einen Menschen und Umstände daran hindern, ist das nur ein Teil der Freiheit, um den man gebracht wird. Der andere Teil ist jener, der sich im Innern entfaltet, indem wir uns auf die Suche nach uns selbst machen, um herauszufinden, wer wir sind, wofür wir stehen und einstehen wollen – es ist die Frage nach unseren Werten, genauso wie die Frage nach unseren Bedürfnissen. Sich innerlich auf die Spur zu kommen, ist wohl der größte Gewinn von Freiheit. Sie dann auch noch leben zu können, unabhängig und uneingeschränkt, ist ein kostbares Geschenk, das mein Dasein mir zum Glück noch mal bereitet hat.

Bekanntlich ist dieses Glück aber nicht einfach so dahergelaufen: Ich musste mich selbst aus der Gefangenschaft meines Entführers befreien und einen harten und steinigen Weg gehen, um ein selbstbestimmtes Leben führen zu können. Die jahrelange Erfahrung und Gewissheit, dass nichts und niemand mir die Würde meiner inneren Freiheit nehmen kann, wenn ich zu mir stehe und mein Innerstes schütze, haben mir geholfen, dies durchzustehen, um so schließlich auch meine äußere Freiheit zurückzugewinnen.

Ich habe damals selbstbewusst mein Leben in die Hand genommen und versucht, all die vielen Scherben in ein schönes Mosaik zu verwandeln. Es erforderte Geduld und Behutsamkeit, mir die Traumen und Wunden der Vergangenheit anzusehen und sie neu einzusortieren. Doch jeder

Stein, den ich setzte, und jeder Schritt, den ich ging, führte mich hin zu einem freieren und unabhängigeren Leben, indem ich mich entschieden hatte, mich von meiner Vergangenheit nicht gefangen nehmen zu lassen. Ich lernte, Altes loszulassen, um Herz und Hände frei für Neues zu haben. Es begann eine spannende Reise, begleitet von warmherzigen, verständnisvollen Menschen sowie tollen Hilfs- und Arbeitsprojekten. Damit verbunden waren auch viele Reisen in mir bis dahin noch unbekannte Länder. Meine Neugier auf das Leben, die ich niemals verloren hatte, wurde endlich befriedigt.

Die Kraft, in Übereinstimmung mit seinem Innersten zu leben

Freiheit ist die Wahl der eigenen Haltung: Wenn uns das Leben vor eine Herausforderung stellt, müssen wir entscheiden, wie wir uns verhalten – und wer wir in dieser Situation sein wollen. Es ist also von großer Bedeutung, uns selbst zu kennen, bevor wir frei sein können. Sogar wenn wir uns vordergründig für nichts entscheiden, haben wir dennoch eine Wahl getroffen – nämlich nichts zu ändern, keinen Einfluss zu nehmen. Und weil jeder Mensch frei ist, sich zu entscheiden, steht es jedem Menschen auch frei, sich zu entwerfen und zu entfalten. Mit jeder Entscheidung tragen wir unser Innerstes nach außen in die Welt hinaus.

Darin liegt automatisch eine riesige Verantwortung: sich selbst gegenüber, aber auch gegenüber den anderen. Denn unsere Freiheit darf niemandem schaden und ihre Grenzen nicht überschreiten. Das heißt, Freiheit ist untrennbar mit Gleichheit verknüpft. Keiner hat das Recht, seine Bedürfnisse über die der anderen zu stellen und ihnen mit seiner Entscheidung zu schaden. Das ist der Kodex der Freiheit. Ja, auch sie hat Regeln, und auch sie kennt Grenzen.

Wenn ein Mensch diese Linie dennoch übertritt, wird das Leben es ihm irgendwann heimzahlen, davon bin ich überzeugt. Ich habe schon oft erlebt, dass gerade jene, die nicht in Übereinstimmung mit dem tiefsten Kern der Freiheit leben – nämlich sich im Guten, also in Rücksicht auf andere Menschen, zu entfalten –, sich langfristig selbst schaden: gesundheitlich, gesellschaftlich oder auf ganz persönlicher Ebene, ihrem Gewissen gegenüber. Geist und Körper kommen irgendwann nicht mehr damit zurecht, wider die Natur zu leben. Viele werden unglücklich, manche auch krank, wenn sie den Bezug zu ihren Mitmenschen verloren haben.

Wenn man es schafft, in Übereinstimmung mit seinem Innersten zu leben, kann einem niemand mehr seine erlangte Freiheit nehmen. Letztlich ist man selbst dafür verantwortlich, seine Grenzen zu wahren und sich seine Freiheit zu sichern. Bietet man nämlich Grenzverletzungen immer wieder an und lässt sich von anderen einschränken, darf man sich nicht wundern, wenn es am Ende kommt, wie es kommt.

Durch wiederholte Angriffe von Journalisten habe ich lernen müssen, dass man seine Freiheit für sich selbst einhalten muss. Dass man es nicht einfach nur als Grenzverletzung des Gegenübers einordnen sollte, sondern versteht, dass man Anteil am Prozess hat. Wenn ich meine, auf jede noch so ungebührliche Frage, die mir in Interviews gestellt wird, antworten zu müssen, und nicht begreife, dass ich durchaus den Spielraum habe, mich zu entziehen oder auszuweichen, werde ich meine Antwort mit gewisser Wahrscheinlichkeit am nächsten Tag als kontextlose Überschrift in einer Boulevardzeitung lesen dürfen und mich erneut verteidigen müssen.

Ich habe gelernt, dass man seine Grenzen wahren muss, indem man sich selbst schützt und anderen nicht ausliefert. Dann können sie diese Grenze verletzen, ohne dass es einen weiter berührt. Auf diese Weise schafft man mehr Freiheit für sich.

Fazit

Im Sinne dieses großen, so bedeutsamen Begriffs von Freiheit, in dem meines Erachtens alles zusammenschießt, worüber ich die letzten Seiten geschrieben habe, möchte ich all jenen Mut machen, die sich geduldig auf die Suche nach sich selbst begeben, Wunden heilen zu lassen und zu sein, wer sie sein können, weil alles in ihnen dazu angelegt ist. Besonders für Menschen, denen Schlimmes widerfahren ist und die Traumen erlitten haben, ist Freiheit die

Selbstbestimmtheit, sich zu entscheiden, ob man sich von seiner Vergangenheit gefangen nehmen lässt oder ob man optimistisch und voll Tatendrang in die Zukunft blickt.

Freiheit ist eine Verantwortung, vom Leben an uns übergeben, in Übereinstimmung mit unserem Innersten zu leben. So und nur so können wir uns tatsächlich entfalten. Wir müssen uns selbst kennenlernen, um unsere Freiheit leben zu können. Und weil sie das Recht eines jeden Menschen ist, können wir sie nur uneingeschränkt leben, wenn wir andere dadurch nicht einschränken. Schaffen wir es, derart zu leben, kommt die Freiheit zu uns zurück, selbst in der größten Bedrängnis und im dunkelsten Verlies.

ABSCHLIESSENDE GEDANKEN ZUR ZUKUNFT

Der Mensch besitzt die unfassbare Fähigkeit, zu lernen und sich anzupassen. Wenn wir die tief in uns sitzende Angst vor Veränderung loslassen und uns dem öffnen, was die Zukunft für uns bereithält, können wir ein wertvolles Leben führen. Die Ungewissheit der Zukunft muss uns keine Angst machen. Sie ist vielmehr eine Herausforderung, der wir uns mit der Hoffnung auf einen guten Ausgang stellen – auf jeden Fall aber mit der Gewissheit, niemals kampflos aufzugeben.

Was unser Glück schlussendlich ausmacht, ist, sich auf den Weg begeben zu haben. Wenn wir uns den Herausforderungen stellen, mit denen uns das Leben konfrontiert, finden wir heraus, wer wir sind, wer wir sein wollen und wo unsere Begabungen liegen. Diese mit jedem Schritt wachsende Selbsterkenntnis führt uns in eine Zukunft, die etwas bereithält, das für uns wirklich von Wert ist. Wenn wir so leben, wie es unserem Innersten entspricht, dann ist das echte Freiheit. Dabei ist es gar nicht so sehr abhängig davon, wie viel Raum uns von außen zugesprochen wird.

Unsere Träume und Ziele sind Wegmarken auf dieser Reise, ähnlich wie Leitpfosten am Straßenrand. Im Nebel führt uns einer zunächst in die richtige Richtung, was am Ende auf uns wartet, wissen wir nicht. Am besten lässt sich die Zukunft vorhersagen, wenn wir sie erfinden. Wir dürfen ruhig große Träume wagen und uns hohe Ziele stecken. In jedem Fall wird es uns motivieren und vorwärtsbringen. Und näher zu uns selbst!

DANK

Ich möchte mich an dieser Stelle bei all jenen bedanken, die mir in den vergangenen Jahren zu einer Stütze geworden sind und mir bedingungslos Rückhalt gegeben haben. Dank gilt auch meiner Co-Autorin, Judith Schneiberg, die mir dabei geholfen hat, meine Gedanken zu diesem Thema zu ordnen und in Form zu bringen – der Austausch mit ihr war sehr wertschätzend und einfühlsam. Danke sagen möchte ich auch dem Team vom Dachbuch Verlag, das stets darum bemüht ist, mir den Rücken freizuhalten und mit mir vielseitige Projekte zu realisieren.

NATASCHA KAMPUSCH
Cyberneider: Diskriminierung im Internet

ISBN 978-3-903263-12-3
Hardcover

ISBN 978-3-903263-13-0
E-Book

Dachbuch Verlag
www.dachbuch.at

Natascha Kampusch, selbst immer wieder im Visier von Cyberattacken, hat gelernt, auch mit ungerechtfertigter Kritik zu leben. Wortlos über sich ergehen lassen will sie die jedoch nicht. Reflektiert und ungefiltert führt sie uns die sozialen Abgründe von Cybergewalt vor Augen. Diskriminierung im Internet ist längst kein Randphänomen mehr, sondern ein alltägliches Übel unserer Gesellschaft.

YouTube, Facebook, Twitter und Instagram prägen heute das soziale Miteinander. Direkt vor unseren Augen und doch fernab von Gesetz und Moral bringen Debatten um Hashtags wie #MeToo, #Ibizagate und #Climatestrike die Gemüter zum Kochen. Populismus, Sexismus und Rassismus, die Werkzeuge der Radikalen, dominieren längst Medien und Politik. Es muss ein Umdenken stattfinden, besser heute als morgen, denn eines steht fest: Es kann und darf keine Rechtfertigung für Diskriminierung geben, niemals!

»Rückblickend wird klar, dass Kampusch eines der ersten prominenten Opfer von Online-Mobs war.« – Der Standard